「公益」資本主義

英米型資本主義の終焉

原 丈人

文春新書

1104

はじめに

本書のテーマは「公益資本主義」です。現在、世界を席巻している「株主資本主義」に代わり、「公益資本主義」という資本主義の新たなあり方を打ち立てるべきだ、というのが本書の主張です。

詳細は本文でじっくり述べていきますが、最近、この「公益資本主義」と「株主資本主義」をめぐって興味深い体験をしましたので、まずそのエピソードを紹介させていただきます。

アメリカのモルガン・スタンレーのトップ（マネージング・ディレクター）は、エドワード・マクナミーという人です。先日、彼の自宅へ食事に招かれました。お宅へ伺うのは初めてでしたが、食事を終えても議論が尽きず、遅くなったのでそのまま泊めてもらいました。議論のテーマは、公益資本主義と株主資本主義についてです。モルガン・スタンレーのトップはウォールストリートの代表のような立場ですから、もちろん私とは対極にいる人です。

彼とじっくり話したところ、彼は私の考えに納得しました。株主資本主義の誤りを認めて「ウォールストリートが繁栄するためには、公益資本主義に転換するべきだ」と言い、「今後モルガン・スタンレーとして、公益資本主義を推進するという意見書を出してもいい」とまで申し出てくれたのです。私が次にニューヨークへ行くとき、「モルガン・スタンレーの本社へ来てスピーチしてほしい」とも頼まれました。

デュポンのCEOやマッキンゼーの幹部の一人も中長期の投資の重要性を理解する経営者で、公益資本主義の心強い賛同者です。実業界だけでなく、ノーベル経済学賞を受賞したコロンビア大学のスティグリッツ教授やニューヨーク市立大学のクルーグマン教授が公益資本主義的な考え方に共鳴し、「格差を是正するため富裕層に増税せよ」と主張しています。2人は来日して、安倍晋三首相に消費税増税は延期すべきだと説きました。

「公益」と言うと、利益を追求するのが悪いことのように錯覚されがちですが、まったく違います。むしろ多くの利益を上げることが、最も重要な前提です。「公益」とは、企業を構成する個々の社中（株主、従業員、取引先、顧客、さらには地域社会、地球）に配分される利益の総和を指すからです。社会の「公器」である企業が、正しい方法でできるだけ多くの利益を上げ、立場に応じて公平に分配するのが、公益資本主義です。すべての社中に永続的に利益を分配するためには、中長期的な経営が絶対に欠かせません。

＊

日本経済が長らく停滞し、世界経済も危機が続いています。この状況に対し、日本や各国の政府は、金融政策や景気対策を実施していますが、これでは対策として不十分なのです。資本主義、金融市場、企業経営についての考え方や制度そのものを変えなければならない――これが本書の主張です。一見、遠回りのようですが、資本主義についての考え方やルールを改めることが、真の意味での成長戦略につながり、GDP600兆円実現への近道ともなるからです。

一言で言えば、「会社は株主のもの」とする考え方（私はこれを「株主資本主義」と名付けています）そのものが、現在の経済危機の原因となっています。

「会社は株主のもの」という理屈が正しいとすれば、会社の目的は株主の利益を上げることと一点のみで、従業員や顧客の利益はないがしろにされます。同じ金額の利益を上げるなら、期間は短いほうが株主を喜ばせることができます。10年かけて100億円の利益を上げるより、1年で同じ利益を上げる方が、株主にとっては最も望ましい経営です。

こうした株主資本主義の呪縛から企業を解放し、企業の本当の力を引き出すには、短期投資家や投機家向けに作られている現在の制度を、根本的に改革する必要があります。整理すると、次の7項目です。①税制、②会計基準、③企業統治と法令順守、④企業価値標準基準、⑤規制緩和、⑥金融証券制度、⑦会社法。

そして、中長期的な事業に取り組む企業を支援する、日本ならではのルールを確立できれば、国内企業の活力や競争力が高まるだけではありません。アメリカや他の国で中長期的な事業開発や経営を目指しながら株主資本主義に阻まれている企業や、そうした企業を支援したいと考えている資金が、こぞって日本を目指すでしょう。

＊

株主資本主義を信じる人たちが「改革派」を称したり、「米国流の経営スタイル」が閉塞感を打開するという風潮が、いまの日本にはあります。それは結果として、日本も世界も潰してしまう——本書を通じて多くの読者に理解してもらえることを願っています。

では、何をどうすればいいか。その具体案については、ぜひ読者のみなさんと一緒に考えて参りたいのです。この本はソフトウエアと同じで、ユーザインターフェースであればいい。具体的なアプリは、読んだみなさんにつくっていただければいいのです。公益資本主義の理念に共鳴してもらえるなら、応用と実践は人それぞれ。何をやるべきかという方向性を理解していただき、そのサンプルをいくつか提示できたなら、この本は目的を貫徹したことになります。公益資本主義の応用例を、経営者やビジネスマンだけでなく、政治家にも官僚にも有権者にも考えていただいて、国や地方の活性化に活用してもらえることを願ってやみません。

現在、この「公益資本主義」の賛同者は、政界、官界、財界の間にも、急速に広がりつつあります。

2016年12月5日に開かれた参議院の「環太平洋パートナーシップ協定（TPP）等に関する特別委員会」でも、自民党の二之湯武史議員が「私が提案したいと思っているのが、公益資本主義という日本型の資本主義の在り方です。（略）公益資本主義は、株主のみならず、社員や取引先、また地域といった社中全体への分配、中長期的な投資、そしてたゆまぬ企業家精神、この三本柱から成る概念であります」と述べたところ、安倍総理も「この公益資本主義、原丈人さんが主張されている考え方でありまして、（略）大変魅力的な考え方だと思っております。（略）ただ所有する、あるいは株を動かすだけで利益を上げてそこに利益が集中するという社会であれば、やはり社会はゆがんでいく、そしてそれに耐えられなくなった社会が、これはそのときに大きな変革を求めて混乱するということになってしまうんだろう」と答弁しています。

私は公益資本主義を提唱するだけでなく、周りの人を説得し、自分の関わる会社で実践しています。公益資本主義を前面に掲げる企業を作り、株主資本主義が幅を利かせる市場の中で、株主資本主義に基づいて経営されている企業よりも優れた結果を出すよう努めているのです。言葉やペンでどんなに正しさを主張しても、実際に証明しなければ、株主資本主義の信奉者を説得できないからです。実行を続け、実例を重ねることが大切です。

この本に書いたことは、あるいは夢のような理想だと思われるかもしれません。では、夢を実現するにはどうすればいいか。2つの方法があると私は考えています。ひとつは、すでにある体制や環境に順応しながら、その枠組みを上手に利用して、すでにある現実を前提にして夢を実現していく方法です。もうひとつは、体制や環境そのものをおかしいと思い、ルールそのものを変更することに挑み、新しいルールに基づいた世界を築くことによって、夢を実現する方法です。

おそらく前者の方が、はるかに楽でしょう。けれども私は、困難でも魅力的な後者の道を選びたいのです。多様化と多元化の21世紀、新しいスタンダードを世界に先駆けてつくることが、日本人なら必ずできると信じています。

「公益」資本主義——英米型資本主義の終焉◎目次

リニアは米国では開発できない
3章　アメリカでアメリカモデルの限界を知る

すべては鉄道から学んだ
鉄道模型が自宅を占拠
父から受け継いだ自立心
「経営者の味方か？　労働者の味方か？」
鉄道が世界の広さを教えてくれた
ピラミッドと出会い、鉄道から考古学へ
初めてのビジネスは中米旅行の企画
考古学の資金稼ぎのためにアメリカへ
考古学からベンチャーキャピタルへ
ディズニーへの飛び込み営業で信用を得る
遺跡発掘とベンチャーキャピタルの共通点
ベンチャーキャピタルの存在意義——新しいものを産みだす
レーガン政権で始まった株主資本主義
シリコンバレーに真のベンチャーはいなくなった

6章 公益資本主義・実践編――モノづくり最適国家の実現 201

1章　グローバリズムの終焉

グローバル化による格差とテロの拡大

「グローバリズム」とは、決して美しいものではありません。米国などの大国が、自分の文化、言語、ビジネス慣習などを他国に押しつけるための口実にすぎません。

ですから、「グローバル化の波に乗り遅れてはならない」「日本の企業も、英米型の経営を見習うべし」といった掛け声を耳にする度に、「ちょっと待って欲しい」と違和感を覚えます。「グローバリズム」という美名の下で、世界や日本で起きていることを直視できていないと感じるからです。

アメリカの主要企業のCEOの年間報酬は、1936年から80年代初頭まで、ほぼ100万ドル（約1億1000万円）で推移していました。ところが80年代半ばから急激に増え始め、2008年のリーマン・ショックの直前には、1400万ドル（約15億4000万円）にまで達していました。

その一方で、あまり知られていないのは、アメリカの30代男性の年収の中央値が、74年から04年までの間に12%も下がっていることです。平均値は上がっているのに、中央値が下がっている。その意味するところは、格差の拡大です。GDPが増えて国の経済が成長し、富裕層への富の集中が加速する陰で、中間層から下に位置する人たちの収入は減り続けているのです。

CEOの報酬はうなぎ上りなのに、一般従業員の給料は下がり、雇用も失われていく。これが、英米発のグローバル化と金融の自由化がもたらした現実です。

格差の拡大は、アメリカだけの問題ではありません。

2017年1月、オックスファムというNGOの組織が、「世界で最も裕福な8人と、世界人口のうち経済的に恵まれていない半分に当たる36億7500万人の資産額がほぼ同じだ」とする報告書を発表しました。8人の資産の合計が4260億ドル（約48兆7000億円）にも達し、世界人口73億5000万人の半分の合計額に相当するというのです。また、1988年から2011年にかけて、下位10％の収入は年平均3ドルも増えていないのに対し、上位1％の収入は182倍になったとも指摘しています。

格差は不満を生み、不満は紛争の種となり、世界を不安定にします。日本でも格差が広がり、子供の貧困も大きな問題になっています。

さらに、世界で頻発するテロの背景にも、この格差の問題が横たわっています。そもそも中東やアフリカで過激派組織が勢力を拡大するのは、資源国でありながら国民全体の所得が低く、貧富の差が激しいことに大きな原因があります。まともな仕事を探してコツコツ働くより、過激派組織のほうが高い給料をくれるのです。真面目に1日働いて200円しか稼げないナイジェリアの貧民層の若者たちが、1日2500円の報酬を約束するイスラム過激派組織ボコ・ハラムに惹かれるのも、ある意味、当然です。空爆や地上部隊でIS（イスラム国）を攻撃しても、たとえ拠点を制圧しても、格差と不満を解消しないかぎり、解決にはなりません。

「地上から貧困や紛争をなくす根本的な解決策は何か」と訊かれれば、「世界に公益資本主義を広め、教育を受けた中間階級層を増やすことだ」というのが、私の答えです。

340億円の従業員給与削減で200億円のボーナス

2008年、アメリカの航空大手は軒並み経営不振に陥りました。ユナイテッド航空、デルタ航空。そしてアメリカン航空。苦境に直面したアメリカン航空の経営陣は、従業員に対して340億円の給与削減を求めます。従業員にすれば、会社が倒産したら失職してしまう。かつて世界中に路線網を広げていたパンナムが倒産した前例もあります。経営陣の要求を呑むことは、背に腹替えられない決断だったに違いありません。

この大幅な給与削減のおかげで、アメリカン航空は危機を脱することができました。ところが、経営陣はその功績によって、200億円のボーナスを受け取りました。リストラに成功して経営を立て直したことが、株主から評価されたからです。

これに対し、アメリカン航空の客室乗務員で作る労働組合が、経営陣を「貪欲だ」と批判すると、経営側は、「我が社の経営報酬は、航空会社を含む他のアメリカ企業と同様に、市場に基づいている。株主と経営者の長期的な利害関係を合わせるように設計された」とコメントしました。会社においては株主と経営陣の利害が何より優先され、従業員の給与削減によって企業価値も高まったのだから、経営陣の行為も、ボーナスも、まったく正しい、というのです。

このエピソードが物語っているのは、「会社とは株主と経営陣のものだ」という株主資本主義が、現実からいかに乖離し、いかに倒錯しているかです。

株価対策のための人員削減

もうひとつ、例を挙げましょう。以下は、2015年7月19日のロイター電です。

「英紙タイムズは19日、英銀行大手バークレイズ(BARC.L)が、2年以内に3万人以上を削減する計画だと報じた。同行は今月に入り、アントニー・ジェンキンス最高経営責任者（CEO）の退任を発表していた。

タイムズによると、人員削減により同行の従業員は2017年末までに10万人を下回る可能性がある。ミドルオフィスとバックオフィスを中心に削減が行われる可能性が高いという。

バークレイズの関係筋はタイムズに対し、人員削減は、慢性的なアンダーパフォーマンスの問題に対処し株価を2倍に引き上げる唯一の方策と考えられていると述べた」

こちらは、給料カットどころではありません。「株価を引き上げることこそ経営の改善であり、そのためなら人員削減も正しい」という考えです。この後、バークレイズ銀行は、人員削減を繰り返し、経営陣はやはり多額のボーナスを受け取りました。

毎年、スイスの保養地ダボスで、「世界経済フォーラム」の年次総会が開催されます。いわゆる「ダボス会議」です。一昨年の夏、ダボスでの会議で、バークレイズ銀行の副会長がたまたま隣りに座ったので、「あれはひどいじゃないか」と株価対策のための人員削減を批判したところ、逆に「どこが悪いんだ」と開き直られてしまいました。

アメリカやイギリスでは、こうした不可解なことが日常的に起こっています。経営を担うキャリアパスのエリート組に詰め寄っても、「当たり前じゃないか」となってしまう。むしろ私のような考えを口にすると、「あなたは共産主義者か！」などと言われてしまうのです。

株主資本主義――「会社は株主のもの」

給料をカットされた人や解雇された人々は、憤っているはずです。けれども、自分も経営側に回れば、同じことをやりかねない。というのも、英米では、そうした一種の「エコシステム」ができ上がり、制度や人々の習慣として定着しているからです。ちなみに「エコシステム」とは、もともと「生態系」のことですが、経済に関しても比喩的に用いられます。

日本でも、外資系企業のトップを長く務めた人や財界人の多くは、こういう話を聞いてもおかしいと思わないようです。要するに、「会社は株主のもの」という考え方です。これを私は、「株主資本主義」と呼んでいます。

株主のために会社を経営すれば、目的は株価を上げること以外にありません。株価を上げることが、株主の利益を短期的に最大化することだからです。

ROEのための資産縮小

現在、企業の価値は、「時価総額」で測られるようになりました。株式を公開している会社の時価総額とは、「株価×発行済み株式数」ですから、時価総額を上げるには株価を上げる必要がある。そして、現在、株価を左右しているのは、「自己資本利益率（以下、ROE）」という指標です。「どのくらいの資本金を使って、どのくらいの利益を上げたか」を割り出す指標なのですが、この指標自体に大きな問題があるのです。

ROEは、資本に対する利益の割合で、「当期利益（分子）」を「資産（分母）」で割って計算します。たとえば、100万円の資産をもとに10万円の利益が出れば、ROEは10％となります。

ここで真っ当な経営者なら、利益を増やすことで分子を大きくし、ROEの数値を上げようと努めるでしょう。しかし、同じ数値を出すなら、分子（利益）を大きくするよりも、分母（資産）を小さくする方がよほど簡単だ、とビジネススクールが教えてくれます。

先の例で言えば、資産が10万円なら、10万円の利益でも、ROEは100％となります。つまり、分母となる資産が小さいほど、ROEは上昇するのです。

そこで安易な経営者は、本来、会社の資産を大きくするのが経営陣の務めであるはずなのに、ＲＯＥの上昇のために、会社の資本を圧縮します。たとえば、人件費や技術開発投資を削るのです。さらに従業員ごと工場を売却してしまう、といった乱暴な手法を用いる経営者もいます。

ＲＯＥを絶対視し、これで企業価値を測るようになれば、長い年月と資金を必要とする研究開発などはやらない方が良い、ということになります。10年先に大ヒットするかもしれない製品など、株主にとって今日明日の利益にならないからです。

ＲＯＥのような指標は、中長期にわたって研究開発する企業、モノづくりの精神に基づく製造業、ある程度の在庫を抱える必要を伴う流通業では、企業の収益力を正確に測るモノサシにはなり得ません。

ＲＯＥに縛られて、ゼロから研究開発をしなくなった企業は、Ｍ＆Ａを重視する経営へと変質せざるを得ません。研究開発や内部留保に充ててきた利益は、すべて配当に回すように株主から求められます。こうなれば、産業界全体に投入される研究開発の資金や機会が減り、新しい技術や産業は生まれなくなります。これが、「株主資本主義」の帰結です。

格差を拡大するゼロサムゲーム

アメリカやイギリスばかりではなく、日本もいま、株主資本主義に侵食されています。「株主資本主義」こそ、日本経済と世界経済の停滞をもたらしている元凶なのです。

そして、この「株主資本主義」と、「市場の自然な成り行きに任せておけばすべてうまく回る」と考える「市場万能主義」。この2つが一体となった「金融資本主義」が世界経済を支配しています。「金融資本主義」は、「株主資本主義」のなれの果てと言えます。

金融業の本来の役割は、事業資金を提供することで、製造業やサービス業の発展を支えることです。ところが、いまでは「マネー自体が商品」となり、「マネーがマネーを生む仕組みづくり」で勝負する投機的金融が主流となりました。お金がお金を生むと錯覚する投機の世界。投機は必ずバブルをつくり、その果てには、バブル崩壊が待ち受けているにもかかわらず。

「金融資本主義」とは、次のような世界です。たとえば、100人が1万円ずつ手にして集まり、隣りの人とジャンケンをする。買った方が相手の1万円を受け取る勝負を繰り返すと、最後には100万円を手にするたった1人の勝者と、一文無しになった99人に分かれます。ゲームの前も後も、全体のお金の総額は100万円ですから、新しい価値や富はどこにも生まれていない。まさにギャンブルと同様に、文字通りのゼロサムゲームです。誰かが勝って富豪になり、他のみんなは負けて貧困層になり、中間階級層は消えていく。まさにこれが、いまの世界の姿なのです。

もっともこのルールなら、参加者が平等なだけましです。初めから100万円の元手で参加する者がいて、必然的に勝者となって他の人たちのお金をすべて吸い上げる、というのが、いまの世界の現実だからです。短期利益ばかり追求するヘッジファンドやアクティビストを「モメンタムプレーヤー」と呼びますが、株式市場で彼らの存在感が高まるほど、モメンタムプレーヤーなどの一部の金融投資家に富が集中していきます。

しかし、「無が有を生む」錬金術などないように、「お金がお金を生む」錬金術もありえません。

小口のお金を集めて大きなヘッジファンドに仕立てる仕組みがあります。そういうファンドのお金の元をたどれば、一般庶民のお金である場合が多い。ヘッジファンドに集められた庶民のお金で、庶民の財産が棄損され、儲かるのはファンドの運営者だけ、というおかしな現実があるのです。

現に、サブプライム・ローンを証券化した商品で損をしたのは、中産階級とより下層の人々でした。ローンを返せずに住まいを追われたのも、そうした人たちです。これがゼロサムゲームの帰結です。金融資本主義は、結局、格差の拡大しかもたらさないのです。

10年以上前から明らかだった株主資本主義の帰結

1976年のアメリカの統計によると、高所得層トップ1％の収入の総和は全体の9％でしたが、2011年には、この割合が約20％にまで上昇しています。収入（フロー）の積み重ねである所有資産（ストック）で比較すれば、この割合はさらに大きくなるはずです。

私は2003年3月6日付の読売新聞「論点」に「企業は誰のものなのか」と題する寄稿をしました。

「米国の資本主義は、社会に有用な企業を全部崩壊に導いていく可能性すらある。その理由は、コーポレートガバナンス（企業統治）の要をなす『企業は株主のもの』という間違った考え方にある」というのが書き出しです。当時から、アメリカ的資本主義の行き過ぎに警鐘を鳴らしていたのです。

そして残念ながら、予想通りの事態となりました。2007年のサブプライム・ローンの不良債権化を端緒とした金融危機が、翌年のリーマン・ショックと世界同時株安に至ったのです。

このアメリカ発の世界金融危機では、日本も大きな被害を被り、誰もが大慌てで対応に追われました。しかし私からすれば、起こるべくして起こった事態だったのです。

1970年代前半からアメリカに住んでいる私には、格差が急速に広がっている現実や、マネーゲームがエスカレートする社会で何が起こっているのかが実感として分かります。このままでは、株主資本主義と金融資本主義によって、世界も日本も潰れてしまう。

世界経済の危機が一向に終わる気配を見せないのも、日本国内の景気が上向かないのも、すべての原因は「会社は株主のもの」という考え方にこそあるのです。

14年前の読売新聞への寄稿の末尾は、次のように結びましたが、この考えはいまも変わりません。

「日本企業は米国の手法を鵜呑みにする必要はないし、米国の基準に振り回される必要もない。いいところだけを吸収し、地球の未来にとって悪い点は正し、米国のシステムを上回るものを創ればいい。間違っても、時価総額を最大化することが企業目標だと勘違いしたり、ＲＯＥなどの手段を目的と取り違えて数字ばかりを追わないこと。企業は誰のもので何のためにあるのかという問いに対し基本に立ち帰るべきである」

金融の本来の役割

金融も資本主義も、そもそも何のためにあるのか。世界中の人々が、豊かに暮らしていくためにあるのです。

もちろん、金融や資本主義が何もかもお膳立てしてくれるはずはなく、豊かになるには、本人の努力が最も重要なのは言うまでもありません。しかし現在のように、機会が均等でない社会のあり方、努力が報われない経済のあり方は、社会全体にとってマイナスです。

金融も、その他のあらゆる産業と同じように、人々が平和で豊かに暮らすための道具立てですが、金融が他の産業と違うのは、仲介がその役割であることです。他の産業は、お金を使って製品をつくったりサービスを提供します。金融は、個人が貯めているお金や企業がすぐには使わない余ったお金を預かり、必要としている人に提供する。要するに、お金の出し手と受け手を仲介する仕事です。

つまり、ごくわずかな手数料だけ取って借り手に安全に資金を提供するのが金融機関の使命であって、金融業は、自らの企業価値や株価上昇を第一目標とすべきではないのです。

銀行にしても、証券会社にしても、元来はそうでありました。ところが、いつの間にかアメリカを中心に、金融業自身も、自分の株主を最優先する経営をすべし、という勘違いが広まったのです。その結果、金融そのものが商品になってしまいました。

手数料だけでは大して儲からず、会社が大きくならないので、調達した資金を自らマーケットに張って、投機的な賭けをするようになりました。博打を始めたわけです。そうなると、上手に博打をやって儲けるのが立派な銀行で、下手な博打をやっている銀行は潰れる、ということが常態化しました。そんな危険な鉄火場のような世界に、何より「安全」を尊んでいたはずの金融機関が深くかかわるようになってしまったのです。

「株主資本主義」のなれの果てである「投機的金融資本主義」。この究極のゼロサムゲームによって、世界で中間層が激減し、貧困層が激増し、ごく一握りだけが超富裕層となってしまったのです。

顔の見える金融

私は、モノづくりではなく金融が主役となる「金融資本主義」を否定しているのであって、金融そのもの、金融の本来の役割を否定するわけではありません。金融は、モノづくりの企業にとっても不可欠で、長期、中期、短期の投資や投機をバランスよく行う必要があるのです。

では、金融の本来の役割、本来のあり方とはどのようなものなのか。

2006年のノーベル平和賞は、バングラデシュのグラミン銀行と創設者のムハマド・ユヌス博士が受賞しました。グラミン銀行は、貧困層向けの無担保小口融資の「マイクロクレジット」を行っています。担保なしで98%の返済率を実現したのは、顧客2、3人から20人規模の互助グループが相互に責任を負うシステムをつくったからです。アメリカのビジネススクール流の考え方なら、小口の貸付は回収の費用がかさむので経済原理に合わない、と切り捨てられてしまうところでしょう。

農村部の支援を目的に始まったマイクロクレジットは、都市部へも広がっています。マイクロデポジット（小口の預金）、マイクロリミッタンス（小口の送金）も含めて、「マイクロファイナンス」と呼ばれるようになりました。バングラデシュでは、70を超える団体がこの事業を行ない、2400万人以上の人々が利用しています。アライアンス・フォーラム財団も、2009年からユヌス博士らと共にマイクロファイナンスのプロフェッショナル養成プログラムをつくり、すでに200名近い修了者を出しています。

こうした信用構造のネットワークを活用したファイナンスの仕組みは、現在のクレジットレーティングのような機械方式の仕組みよりはるかに優れています。アジアやアフリカで急速に広まっているのは、貧困層の生活向上に大きく役立っているからです。

先進国の金融機関がマネーゲームで世界経済を歪めている中で、マイクロファイナンスは、「顔の見える金融」を実践しています。世界金融危機の引き金となったサブプライム・ローンは、返済能力の低い人向けの住宅ローンを債券化し、その債券をほかの債券と組み合わせた複雑な金融商品です。無担保でも、互助グループの「顔の見える関係」を基盤とするマイクロファイナンスと異なり、サブプライム・ローンには「顔の見える関係」がいっさい存在しないのです。もともとリスクの高い債券が、いつの間にか「低リスクの優良な証券」として売られていたのですから、まさしく詐欺です。それに対し、マイクロファイナンスこそ、貸し手と借り手が直接結ばれる金融の原点を示しているのです。

上場時の株価は低い方が良い

「フォーティファイ」とは「砦」という意味ですが、私は2000年に「フォーティネット」というインターネットセキュリティーの会社を創立しました。いまではセキュリティー分野で世界最大手の会社になっています。

そもそも私は、上場には慎重です。創業者が「上場したい」と言うので同意し、2009年にナスダックに上場しました。主幹事証券会社は、ある著名な投資銀行にしたいと言うので、それも認めました。

この会社を経営するに当たり、外部から資金が調達できない上場前は、内部留保をできるだけ確保する必要がありました。ところが、投資銀行の担当者は、「こんなに資産を持っていると、上場時の株価が低くなる。10ドルぐらいになってしまう。上手に操作すれば、合法的に25ドルから30ドルぐらいに上げられますよ」と言ってきたのです。「株価を上げるためにROEを高くするには、内部留保の現金を減らすべきだ」と。

ちなみに、「上場時の株価は高い方が良い」と一般に思われていますが、「むしろ低い方が良い」が、私の持論です。

「フォーティネット」の創業者も、担当のCFO(最高財務責任者)も、初値を上げる相談を私にもちかけてきました。その提案に「ダメだ、ダメだ」と反対しているうちに、2008年になり、リーマン・ショックが起こりました。

投資銀行や証券会社から、「現金なんて、ほとんどゼロでいい。必要な時は我々が融資してあげますから」と勧められ、言われた通りにした会社は、端から潰れていきました。会社に現金はなく、投資銀行や証券会社も約束通りの資金を調達できなかったからです。我々の会社は潰れませんでした。現金を持ち続けていたからです。

投資銀行の担当者が、金融危機の後にやって来ました。そして、「おたくの会社は大変立派だ」と。ついこの間まで、「私たちのコンサルティングに従って、資産を圧縮すべきなのに！」とボロクソに貶していたにもかかわらず。私は、彼らにこう皮肉を述べました。

「どうもありがとう。あなた方がいままでやってくれた助言のおかげで、我々は生き残ることができました」

向こうは「意味がわからない」というので、教えてあげました。

「えっ、いま言ったことの意味がわからないんですか？　あなた方はクビになったんですよ」

私はその場で、投資銀行との契約を打ち切りました。代わりに3つの銀行を入れて、上場しました。

金融危機の直後なので、積極的に打って出ることにどの会社も慎重でしたが、私はこの「フォーティネット」は必ず大きく成長すると確信していました。今後、サイバーテロが頻繁に起こり、セキュリティーの分野はますます重要になるはずだと分かっていたからです。

上場に当たって3つの銀行に出した指示は、「計算可能な最も低い株価を算定してくれ」ということ。その場にいた人々は、英語を聞き間違えたと思ったそうです。最も高い株価をめざすのが普通で、逆の注文は聞いたことがないからです。しかし私は、この会社の株価を人為的に上げるより、始めはなるべく低い方が良いと考えていました。業績が伸びて、株価が自然に上がることを見越していたからです。

人為的に吊り上げた株価は必ず下がり、また経営そのものを歪めてしまいます。低い株価から始まって、会社の成長に合わせて株価が上がっていく方が、お金の回り方も入り方も、企業にとって健全なのです。しかも、そうなれば、投機目的の株主ではなく、創業時から長く保有する株主の方が得をします。

ちなみに現在、「フォーティネット」の株価は、上場時の6倍になっています。

世界経済にいま何が起こっているか

リーマン・ショックの後、アメリカの中央銀行である連邦準備制度理事会（FRB）は、資産を3倍以上に増やしました。大量に買ったのは、長期国債のほか、企業の社債やCP（コマーシャルペーパー、短期の約束手形）、住宅ローン担保証券（MBS）など。要するに、大部分は、内容が不明なまま証券化された、いわゆる「ジャンク債」です。こうした証券を大量に買ってお金を市中にばら撒けば、インフレを誘引して景気が上向き、不良資産も救われる、という目論みだったのでしょう。

ヨーロッパの欧州中央銀行（ECB）もまた、国債や住宅ローン担保証券を大量に買い込んでいます。FRBほどではないにせよ、2012年時点の資産は、5年前に比べて2・5倍を超えています。

では日本はどうか。2012年に誕生した第二次安倍政権の下、日銀の方針は、ひたすら量的緩和。以前とは比較にならない量と速さで、国債などの債券を買い上げてきました。しかし、大量のお金を市場に供給するだけでは、新たなマネーゲームを引き起こすだけです。投機家にとって、アベノミクスも、短期的に利益を儲ける手段でしかない。実際、彼らにとっては、経済が長期的に緩やかに成長していくよりも、株や為替が短期的に乱高下する方が、儲かるチャンスが大きくなります。

つまり、金融政策だけでは、一部にしか利益をもたらさず、その利益は、大多数の国民の損によって成り立っているのです。

日銀は、景気浮揚の効果がないことに気づいて2016年9月に止めるまで、FRBやECBと同じ政策を続けてきましたが、真の経済成長とは、真面目に働く全員の実質賃金が上がり、それによって消費が増えることです。そのために必要なのは、新しく魅力ある産業の創出でなければなりません。金融政策だけではダメなのです。

21世紀はアフリカが主役に

「米国型の資本主義」「米国型の民主主義」「英語」――これが、いわゆる「グローバル化の三種の神器」です。アメリカを始めとする欧米諸国は、この3つを世界に広める方策を取って来ました。2国間条約しかり、TPP（環太平洋パートナーシップ協定）しかりです。

グローバル化は、18世紀の植民地主義の時代に始まりました。イギリス、フランス、スペイン、ポルトガル、イタリア、オランダ、ドイツといったヨーロッパの国々が、豊かな資源と労働力を持つアフリカやアジアへ押し寄せたのです。そして、「おまえたちの文明や文化は劣っている。だから英語を使え」、あるいは「ドイツ語を使え」「フランス語を使え」「スペイン語を使え」と迫りました。圧倒的な経済力を見せつけて憧れを抱かせる一方で、言うことを聞かなければ軍事力で脅す。そんなやり方で植民地拡大の競争を繰り広げたのが、第一次大戦までの世界の歴史です。

第一次世界大戦の勝者は、フランスとイギリスでした。第二次世界大戦の勝者は、アメリカとソ連です。そして冷戦後の１９９０年以降は、アメリカの独り勝ちが続きました。

19世紀と20世紀のグローバル化とは、世界の多様性を奪い、一元化することでした。宗主国が、現地の言語や文化を奪い、宗主国の言語だけでなく法律や教育制度を「優れたもの」として押し付けたのです。

しかし現在は、かつてのどの先進国にも、他国を従わせるだけの軍事力や経済力はありません。かえって途上国の方が、豊かになってきている。

21世紀の世界で確実に起こるのは、人口増加です。現在の世界人口は73億人。これが２０５０年には、１００億人を超えると予測されています。そのうちの85％が、発展途上国の人々なのです。

中国の人口増加は、２０２０年までです。インドは２０４０年まで。それ以降は、両国とも人口減少の局面に入ります。するとアジアの人口増加も、総体的に見れば止まります。

人口が増えていくのは、アフリカです。そのほとんどが発展途上国ですから、増加する人口の90％以上が貧困層となります。

今後、1日当たりの所得が100円以下という状態の国々へ、未開発の資源と市場の開拓を求めて、日本、中国、アメリカ、ヨーロッパ諸国が進出していきます。この時、植民地時代を繰り返すように、アメリカ式の資本主義を持ち込めば、アフリカでも富の分布が二極化していきます。経済の二極化が、政治と社会の不安定化をもたらすことは、これまでの悲惨な歴史が証明しています。

人口が減少していく先進国に代わって、これらの新興国が世界経済の主役になっていくことは明らかですが、先進国が進めてきたグローバリズムではなく、アジア、アフリカ、ラテン・アメリカの新興国のもつ多様な文化を重んじる形での経済発展が求められていきます。

英語支配の終焉

植民地主義の時代、スペインやポルトガルは南米大陸で、イギリスやフランスはアフリカ大陸で、自国の言語を隅々まで広めようとしました。その名残りは、現在まで残っています。しかしいま、アフリカの54カ国で、自分たちの言語を取り戻そうという流れが加速しています。日本での方言の再評価と同様で、民族や部族が培ってきた固有の伝統や文化や歴史を、もう一度見直そうという動きです。

ヴィクトリアの滝で有名な中央アフリカのザンビアは、1964年まで「イギリス領北ローデシア」でした。この国には70以上の部族がいて、74もの言語があります。ただし、英語はどこでも通じますから、便利な共通語を残してくれた点に限っては、感謝の念があるのかと思っていたところ、初代大統領のケネス・カウンダさんに会って聞いてみたら、「迷惑だ」と言うのです。

ザンビアでは銅が採れます。宗主国のイギリスから来た技師が、銅の鉱山を掘る鉱夫に英語を教えました。自分たちの技術や文化を伝えるためではありません。英語で命令するためで、それだけが理由です。ですから、必要のある簡単な言葉しか教えません。頭の良いザンビア人がイギリスの技術を学ぶために高度な英語を勉強しようという態度など見せれば、危険分子として山奥の鉱山へ追いやられてしまうのです。

ヨーロッパにおいても、イギリスのウェールズやスコットランド、スペインのカタロニア、旧ユーゴスラビアの諸国（モンテネグロ、セルビア、クロアチア、ボスニア・ヘルツェゴビナ、マケドニア）などでも、かつて使っていた言語を復活させよう、という動きがあります。その一部は、民族的な独立運動とも関わっています。言葉は文化の根幹ですから、自国語を取り戻すことで民族のアイデンティティを追い求めようとしているのです。世界の歩みは、グローバリズムではなく、まさに多様性の時代に入ったと言えます。

自動通訳機の時代

私は2007年に出版した著書『21世紀の国富論』（平凡社）で、おおよそ次のような見通しを示しました。

「これから十数年のうちに、計算機とは理念が異なる対話通信（PUC）の時代が始まる」

まさにその通りになりました。家電量販店へ行って見れば、どこも店頭は、スマホやタブレットの売場です。かつてあれほど広かったパソコン売場は次第に狭くなり、どんどん片隅へ追いやられています。

とはいえ、隆盛を誇っているスマホやタブレット端末も、いずれ廃れていきます。これらは、計算機としてスタートしたコンピュータの技術を組み合わせてつくられています。いわば「コンピュータ中心のIT時代」の最終ステージを飾る製品です。

間もなくＰＵＣ（パーベイシブ・ユビキタス・コミュニケーションズ）の時代がやってきます。

ＰＵＣとは、「使っていることを感じさせず（パーベイシブ）、どこにでも遍在している（ユビキタス）、コミュニケーション機能」をもつ、新しいコンセプトのツールです。簡単にいえば、計算機能を重視してきたパソコンに代わる、メールやＳＮＳなどのコミュニケーション機能重視のツールです。「ポスト・コンピュータ」としてのＰＵＣは、現在のＩＴ産業から世界の基幹産業の座を奪うことになるでしょう。

そしておそらく20年以内に、何語であろうと即座に変換できるスマホサイズの自動通訳機が登場します。これが現在のスマホ並みに世界に普及すれば、外国語が話せることは特別の技能ではなくなります。

２０４０年頃には、語学を学ぶことは趣味になっているでしょう。語学の勉強そのものが好きだとか、外国人と話すのが楽しいから、という理由で外国語を学ぶ人は残っても、正確さが要求されるビジネスの会話や国際会議では、自動通訳機を使う時代が到来するはずです。

ですから、いまの子どもたちに、小学校から英語教育を始める必要などありません。母国語である日本語できちんと思考し、表現する能力を鍛える方がよほど大事です。「最も重要なのは母国語だ」ということが、世界の共通認識になるはずです。

世界共通語だった英語、グローバリゼーションのツールだった英語は、存在意義を失っていきます。これもまた、今世紀半ばまでに起こる大転換のひとつだと私は見ています。

アメリカ型の民主主義も、いずれ行き詰まります。民主主義の欠点は、みずから話さなければ自分を表現できない、という点にあります。アメリカの大統領選挙を見れば分かる通り、声の大きい人、自己顕示欲の強い人しか候補者にならないのです。

ふさわしい能力の持ち主、皆から望まれている人が立候補できないのでは、本当の民主主義ではありません。立候補したい人は尊重するとしても、立候補させたい人も選べるような制度が必要なのです。

かつてのベネチア共和国は、そういう選び方をしていました。複雑な仕組みを内包した民主的なくじを使っていたのです。選挙とくじを組み合わせることで能力ある人が選ばれるということは、数学的に証明できます。

現在の民主主義の欠点を改めるためには、政治家を選ぶ方法を変えなければなりません。資本主義も、民主主義も、時代の変化と共に形を変えてきましたが、さらに改良しなければばいけない時期に来ています。私はいま、自薦と他薦を組み合わせた新しい仕組みと名称を考えているところです。

20世紀型グローバリズムの終焉

１９７６年に中国を初めて訪れた時、首都の玄関口である北京首都国際空港には、パスポートコントロール（出入国審査）すらありませんでした。観光客が来ないからです。空港から外へ一歩出ると、市内へ向かう幹線道路は未舗装でした。街灯は、電灯ではなくてランプ。自動車はまばらで、走っているのは、ほとんどが自転車でした。

あれから40年。現在の中国は、北京や上海どころか、地方都市へ行っても見事に発展しています。中国は、世界に誇る経済力を急速に身につけたのです。歪みや矛盾はさまざまあるにせよ、中国型国家資本主義の成果を認めないわけにはいきません。

こうした中国の現状からも分かるように、欧米中心のグローバリズムも絶対的なものではなく、永遠に続くわけではないのです。

「21世紀はグローバリズムの時代で、この波に乗り遅れてはいけない」と喧伝されていますが、とんでもない。グローバリズムは、これから始まるのではなく、すでに終わった、と見るべきです。

こういう流れを私が感じ取れるのは、世界中の現場を見ているからです。私は、先端技術に関する事業をいくつも立ち上げましたが、インターネットを検索して情報を集めるようなことはほとんどありません。すべて現地へ行って、自分の目で確かめています。だから世界の動きがいち早く分かるのです。

英国EU離脱と英米型金融資本主義の終焉

2016年6月の国民投票で、イギリスはEU離脱を選択しました。世界に衝撃をもって受け止められたこの出来事は、イギリスがグローバリゼーションに失敗したことの証です。

国民投票（6月23日）の直前に、イタリアのジェノバで開催された会議に、私はスピーカーとして招かれました。イタリアの当時のレンツィ首相を始め、政財界人が参加する欧州の重要な経済会議です。その場で「イギリスは離脱するか」と訊ねられたので、私は「離脱する」と即答し、「2つの理由がある」と説明しました。

ひとつは、イギリスの一般庶民の経済状態です。時給の低い、その日暮らしのような人が急増している。不安が募り、「来年の今頃、私は……」と考えるのも恐ろしいくらい。背景に、押し寄せてくる移民に仕事を奪われているせいだ、という大きな不満があります。

一方、指導者層は、さらにグローバル化を推進したい。そもそもイギリスがEUに加盟した理由は、EUのイギリス化（コモンウェルス化）を図るためでした。「共通善」や「公共の福祉」と訳される自国の政治概念「コモンウェルス」をEU圏に広めることが意図だったのです。ですから、EUの母体は1952年にできたヨーロッパ石炭鉄鋼共同体ですが、この時点では加盟していません。経済同盟だったからです。ヨーロッパ経済共同体（EEC）を経てヨーロッパ共同体（EC）になった後の1973年にイギリスは加盟しました。政治同盟を作って各国の主権を統合しようという時に、「イギリスの主権ですべてのルールをつくってしまおう」と考えたのです。

しかし、それも叶わなくなりました。イギリスがあまりにも金融資本主義に走ったからです。国内の資金が不足し、エリザベス女王まで担ぎ出して中国に物乞いのような真似をするまでに落ちぶれました。ニュースであまり報じられませんでしたが、それ以前には、イスラム諸国の首脳を招いて、「世界イスラム経済人会議」をわざわざ誘致するなど、アラブからの資金に頼っていました。

国内の資金不足で、英国流グローバリゼーションを実行する力を失ってしまったのです。すると指導者層は、「離脱によるマイナス面は明らかだから、残った方がいい」というグループと、「イギリス化ができないEUに残るより、コモンウェルスを強化して大英帝国圏をつくり直したほうがいい」というグループに分裂しました。指導者層がまとまっていれば、メディアを使って世論をうまく誘導し、残留に成功したでしょうが、指導者層が2つに分裂してしまったのです。

そこで私は、「金融資本主義の徹底による貧困層の拡大と格差拡大によって中産階級が消滅し、民主主義が機能しなくなること。アングロサクソンによるグローバリゼーションの失敗によって指導者層が割れたこと。この2つが理由で離脱する」と答えたわけです。事実その通りになりました。

公益資本主義とは?

本章の冒頭に紹介したアメリカン航空のケースを思い出してください。業績不振で赤字が出て、社員の給料を削減しなければならない事態に至れば、責任はまず経営陣にあるはずです。自ら責任をとって、経営陣の給料を大幅にカットすべきで、利益がないのなら、株は無配となるのが当然です。

ところが株主資本主義の下では、そうではありません。経営の目的が、業績の立て直しではなく、株価の吊り上げになってしまう。そして、ストックオプションでみずからの利益も確保する。

ストックオプションとは、将来の自社株を現在価格で買う権利です。株価が下がっているときにストックオプションで自社株を購入しておいて、リストラを行ない、「従業員の給料」を「コスト」とみなしてカットする。すると、相対的に利益は上がりますから、釣られて株価が上がる。経営陣はそのタイミングで、ストックオプションで手に入れていた株を手放す。多額のボーナスに加えて、株の売却益まで懐に入るわけです。

経営陣は儲かるし、株価が上がって株主も儲かる。銀行借入で自社株買いを実施すれば、株価はさらに上がる。

こんなマネーゲームを続けていたら、格差が広がる一方です。従業員の幸福や生きがいより、株主と経営陣が優先される。こうなれば、従業員が会社に何の愛着も感じられなくなり、仕事に対して向上心が湧かなくなるのも、当然です。

その結果生じるのは、ファストフードなら食品産地の偽装、航空会社なら整備の手抜き、自動車会社ならデータの偽装。電力会社なら停電。いずれも従業員のモラルの欠如から生じるのですが、ROEを上げ、ストックオプションで儲ける株価優先の経営方針こそ根本原因なのです。

これが株主資本主義の帰結です。とくに従業員や顧客を軽視するアメリカ企業の寿命は、総じて短命になっています。

なぜ多くの経済の専門家がこのことを指摘しないか。彼ら自身が株主資本主義のエコシステムに組み込まれ、恩恵を受けているからです。

「会社は株主のもの」という間違った考えが、世界や日本の経済を停滞させ、金融危機を引き起こしています。私たちは、「株主資本主義」という「偽りの資本主義」から抜け出し、代わりとなる「新しい資本主義」をつくり上げなければなりません。

会社は株主だけのものではありません。従業員、顧客、取引先といった直接の関係者はもちろん、地域社会や国や地球全体までを「ステークホルダー（利害関係者）」と捉えるべきです。経営は、これらステークホルダーのすべてを幸せにする、という方針に基づくべきなのです。

マネーゲームではなく、実体経済こそ豊かにする資本主義でなければなりません。一握りの資本家に巨額の富が集中するのではなく、誰にでも平等なチャンスが与えられ、社会全体が豊かになる資本主義です。

アメリカでこういう話をすると、「あなたは共産主義者ですか？」と不審に思われます。私は共産主義者ではありません。金融や資本主義そのものを否定しているわけではないのです。むしろ、株価優先や金融マネーゲームで歪んでしまった資本主義を、原点の姿、本来のあり方に引き戻すべきだと主張しているのです。

日本こそ新しい資本主義のモデルに

世界の重心は、20世紀までの秩序をつくってきた欧米、とくにアメリカから、21世紀を牽引するアジア、アフリカ、ラテン・アメリカへと移りつつあります。アメリカがダメな国になってしまったことに、世界の人々もようやく気付き始めたようです。それでもいまだに、アメリカ型の株主資本主義を信奉している人が大部分です。

政府や企業の「改革」論議においても、アメリカをお手本にしています。「アメリカを真似ること＝グローバル化」だと思われていて、一部の企業では「英語を社内の公用語にしよう」「ROEを経営指標に採用しよう」などといった、時代遅れで、経済合理性からも間違った議論が行われているのです。

私は提唱したい。21世紀の日本の使命は、世界196カ国の国民が進んで学びたくなるような、新しいモデル国家になることだ、と。

世界のさまざまな国を自分の目で見てきたからこそ、「日本が世界で一番いい国だ」と、私は自信をもって言えます。世界のほとんどの国は貧困の中にあって、毎日の食べ物を確保するのに精一杯で、戦禍が続く国では、生き延びるだけで必死です。ですから、世界中の国々が豊かで安全な日本のようになりたいと願っています。いくら経済発展しても、中国のような国になりたいとは思っていない。また現在のアメリカみたいになりたいとも思わない。世界にとって、日本は「北風と太陽」の「太陽」になる潜在可能性を秘めているのです。

手始めにできることは、政治や安全保障の分野ではなく、経済でモデルを示すことです。経済が世界的に停滞している中で、それなりに安定した雇用を維持し、層の厚い中間所得層を持っているのは世界で唯一、日本だけだからです。

「公益資本主義」は、そもそも日本型経営の理念や企業哲学に深く繋がっています。日本が株主資本主義を脱して「公益資本主義」をみずから体現し、世界に範を示すことができれば、日本は必ず世界に必要とされる国になることができるでしょう。この本は、その方向を示す道標であり、明日の日本と世界を豊かにするための具体的な提言です。

2章　日本と世界を滅ぼす株主資本主義

公益資本主義を阻む制度

前述した2003年3月の読売新聞「論点」への寄稿の中で、私は「米国の資本主義は、社会に有用な企業を全部崩壊に導いていく可能性すらある」と書きましたが、決して大げさな話ではありません。

株主資本主義は、富の偏在化をもたらします。雇用は増えず、所得の格差を生み出して拡大させます。世界は、圧倒的な富裕層とまったく持たざる者に二極化され、社会に不安や不満が渦巻くようになります。資産家はますます肥え、毎日の食べ物に困る貧困層が増えていきます。いま世界中で過激派組織が勢力を伸ばし、テロが横行するのも、そうした矛盾や不満の受け皿になっているからです。株主資本主義はいまや、世界を滅ぼそうとしているのです。

そんな「株主資本主義」と対極をなすのが、私の主張する「公益資本主義」です。

会社は「社会の公器」です。株主だけのものではなく、従業員や顧客や取引先、さらには地域社会や国や地球全体にプラスの貢献をする存在でなければならないのです。ところが、株主への配当、社外取締役の設置、企業統治、時価会計、ストックオプション、自社株買いなどといった「先進的」とされる制度こそが、会社が「社会の公器」であることを阻んでいます。

本章では、アメリカモデルの株主資本主義のどこに問題があり、社会にどんな弊害をもたらしているかを検証します。

GDP600兆円実現という目標

私は2013年から、内閣府本府参与と、経済財政諮問会議の「目指すべき市場経済システムに関する専門調査会」の会長代理を務めました。

2015年の日本のGDPは532兆円ですが、安倍総理は「2020年にGDP600兆円を実現する」という目標を掲げています。

総務省の2016年9月時点の家計調査によると、勤労者世帯の実収入と可処分所得は、2カ月とはいえ連続で上がっています。預貯金も増えています。にもかかわらず、景気が上向かないのは、消費に結びついていないからです。肝心の個人消費は、この時点で前年同月比13カ月連続の減少なのです。

消費が増えなければ、物価も低迷します。日銀が掲げてきた物価の2%上昇という目標も、先送りを繰り返しています。

どれほど金融緩和をしても人々はお金を使わず、消費は伸びません。ゼロ金利でも、住宅ローンを別とすれば、わざわざお金を借りてまで使う人はいないからです。消費が増えない原因は、給料の増え方が足りないからです。給料が増えれば不安が解消され、消費は増えます。

GDP600兆円を実現し、国民を豊かにする方法はただ一つ。名目賃金の20%引き上げ以外にありません。現在の国民平均給与所得414万円を、20%引き上げるのです。しかし名目賃金の引き上げは、最初の一歩にすぎません。真の目標は実質賃金の引き上げです。しかも、それが物価の下落によって達成されても無意味です。物価も上昇するなかで実質賃金が上昇することが重要なのです。

真の成長戦略とは?

株価優先で、いくら株価を上げても、何かがあるとすぐ下がります。実際、株価は乱高下しているだけで、投機家が乱高下を利用して儲けているだけです。そこで、「金融緩和やネガティブインタレスト(マイナス金利)は、成長戦略に寄与しません」ということを、安倍総理にも進言しました。

実体経済における富は、何から生まれるのか。住宅にしても、自動車にしても、携帯電話にしても、人口の数だけ行きわたれば、買い替え需要はあるものの、それ以上、誰も必要としていない。ですから、革新的な技術で新しい産業を創出し、世界経済を牽引する基幹産業に育て上げ、誰もが欲しがる新しい製品やサービスを送り出さなければ、本当の富を生みだすことはできません。つまり、「モノづくり」の原点に立ち帰る必要があるのです。

株と土地が値上がりしても国民は豊かにならない

金融緩和の効果で株価が上がったと言う人もいます。百歩譲って、上がったと認めるとしましょう。では、株価上昇でどれくらいの国民が恩恵を受けたのか。２０１６年６月の日銀調査統計局の調べによると、国民の株式保有率は９・０％にすぎません。

私も株は保有しています。しかし、株の売買など頻繁にはしません。自分の会社の株価さえ見ません。新聞の証券欄のページは飛ばしてしまいます。「証券欄を見れば見るほど株価が上がるなら見てもいいが、そうでないなら時間のムダです」という経営者に会いましたが、私もまったく同感です。

まともな経営者ほど、「株価など気にしても仕方ない」と口を揃えています。株価に一喜一憂しているのは、一部の経営者や政治家だけで、大部分の国民には無関係なのです。

日銀が2016年からマイナス金利を導入した影響で、不動産の価格が上がりました。それまでにマイナス金利を導入した国の例から見て、そうなることは予想できました。2012年に導入したデンマークでは3年間で16％、2015年に導入したスウェーデンでは1年間で12％上昇しています。金利負担が少なくなるので、土地や住宅の取引が活発化するからです。

とはいえ、普通の人にとっては、住んでいる家やマンションの値段が上がっても、これを売却しないかぎり関係ありません。ほとんどの国民にとっては、「含み資産が増えた」にすぎないのです。しかも資産価格は、バブルと同じで長続きせず、上がったり下がったりします。不動産を売却できるのは、他に住む家をもつ人だけです。売却する不動産の価格が高いときは購入する不動産の価格も高く、相続の場合、相続税が余計にかかる可能性があります。

それに対し、投機目的で不動産を購入している人は儲かります。ただし、不動産投資信託（REIT）を行っているのは、株の保有者よりはるかに少なく、国民の1％程度にすぎません。

しかも、REITは、実際のリスクをもっと分かりやすく開示すべきです。極端ですが、分かりやすい例で言うと、皆から100億円のお金を集めて100億円の土地を買うのなら、本物のREITです。しかし実際は、100億円のお金を集めるほかに9900億円借りてきて、1兆円にして土地を買っています。土地が上がったり家賃が入っている間は、9900億円分の金利を払えますが、土地の価格が下がれば、あっという間にゼロになってしまうのです。

REITの多くは、破綻したサブプライム・ローンと同じような構造なのです。将来、損する人が続出するはずで、さらにそんなものを日銀が買っているという極めて危険な状況です。

また、金融市場には、価格の変動で儲けるアービトラージと呼ばれる人々がいます。上がれば売って下がれば買うマネーゲームをしている人たちです。外国のファンドや投資家には、そうしたアービトラージが数多くいます。

外国人投資家の持ち株比率は、いまや約3割に達しています（2016年6月発表

「2015年度株式分布状況調査の調査結果について」)。取引量で見れば、7割に達しています。こんな人たちだけを優遇する金融エコシステムが、日本にもでき上がりつつあります。

株価や不動産価格が上がっても、国民に還元されなければ、社会全体は豊かになりません。会社の儲けが株主にばかり還元されて、社員や非正規社員や仕入れ先には還元されない。だから一向に消費が伸びず、景気が上向かないのです。

投機家への利益誘導としての「改革」「規制緩和」

成長戦略と聞けば、「改革」や「規制緩和」という言葉が思い浮かびますが、問題はその中身です。無駄な障害や既得権益を取り除き、実体のある起業を助け、産業を育てるための投資を促す「改革」や「規制緩和」であるべきですが、必ずしもそうなっていない。「仮想産業」でしかない金融取引を助長するような「規制緩和」は、結果として投機家に対する「利益誘導」にすぎません。株や為替のHFT(超高速取引)などはその典型です。

超高速取引は、投資プログラムを組み込んだコンピュータや人工知能が、所定の条件が満たされた途端に数千分の1秒というスピードで自動的に株を売買するシステムです。いまや東京証券取引所の注文の7割を占めています。こんなシステムを導入するのは、カジノにいるイカサマ賭博師を証券取引所で雇うようなものです。

個人投資家の元手が1000万円、ファンドの資金が1億円だとしましょう。1円ずつ出して50％の確率で勝った負けたと繰り返すと、200回終えたところで個人投資家の元金はなくなります。ハイスピードでやれば、勝負は一瞬です。これは数学の理論で説明できます。FXトレーディングも同じですが、個人投資家の99・99％は損しているはずです。

2016年5月になってようやく金融庁は、超高速取引を株価乱高下の原因と捉え、有識者会議を設置して対応を協議し始めました。その結果、超高速取引を行なう事業者を登録制にして、リスク管理の徹底を義務づけることとし、2017年に法改正を行なう方針が確定しました。

しかし、法律を作って登録制にしても、最終的には、巨大資本だけが生き残るゼロサムゲームであることに変わりはありません。

政府税制調査会の特別委員だった2005年に、私はこう主張しました。

「ゼロサムゲームという言葉で定義されるような金融ゲームは、賭博と一緒だ。日本には賭博取締法がある。これを適用するのに十分な案件だ」

大げさな話をしたつもりはありません。ですが、賛同者はいませんでした。「自由主義経済なのだから、あらゆる商品を選べることは、参加する人たちの自由な権利だ。原さんはその権利を奪うのですか」といった反論さえありました。

規制緩和の名の下に行なわれながら、実は投機家に対する利益誘導でしかない政策が他にも数多くありますが、すぐに是正すべきです。

株価優先から生じる粉飾決算

株主資本主義の行き過ぎは、しばしば企業の不祥事として姿を現します。

売上高で全米7位の大企業エンロンの不正会計が発覚したのは、2001年です。天然ガスのパイプライン会社としてスタートし、総合エネルギー取引とITで急成長しました。ウォールストリート・ジャーナルがエンロンの不正会計疑惑を報じたのは、10月17日。途端に株価が急落します。連邦倒産法第11条の適用を申請して事実上の倒産に至ったのは、12月2日。わずかひと月半の出来事で、2万人を超える従業員が職を失ったのです。

ちなみに、この不正会計を内部告発した元幹部は、その後、再就職ができなかったそうです。危険人物とみなされたのがその理由だそうで、アメリカ型資本主義は、勇気ある告発を正義とは認めなかったのです。

この時点でエンロンの倒産は、アメリカ史上最大の企業破綻でした。翌2002年、その規模をたちまち上回ったのが、電気通信事業大手ワールドコムの経営破綻です。これも、巨額の粉飾決算が原因でした。

企業の株をもつことは長期的な投資をして成長を見守ることだ、という株式保有の本来の意味を、当時からアメリカは見失い始めたのです。株主の大部分は、短期だけ保有して高値で売り抜けることを目的にしていました。それが株主の利益であるなら、企業の経営陣は無理をしても株価を吊り上げようと試み、都合の悪い情報があれば隠そうとする。経営陣が多額のストックオプションを持っていれば、なおさらそうなります。

大企業に不正会計や粉飾決算が続発するのは、「時価総額（発行株数×株価）をできるだけ早くできるだけ高く吊り上げること」が「優れた経営」だとされているからです。

しかし時価総額とは、「仮にいま企業を解散したらいくらで売れるのか」という目安にすぎません。企業の価値とは、そんな仮想の指標で測られるべきものではありません。優れた製品やサービスをどれだけ提供し、その企業に関係する経営者、従業員、仕入れ先、顧客、株主のすべてにどれだけ貢献し、さらには社会全体にどれだけ貢献しているかによって測られるべきです。数々の巨大な不祥事も、時価総額至上主義によって起こるべくして起こった出来事なのです。

さまざまな企業の不正発覚が相次いだため、アメリカ政府は「上場企業会計改革および投資家保護法」を制定しました。通称サーベンス・オックスリー法（SOX法）です。会計手法の見直しやコーポレート・ガバナンス（企業統治）の改革、独立監視機関の設置、不正行為への厳罰などが盛り込まれたこの法律は、2002年7月に制定されたのですから、対応は素早かったといえます。しかし法律を定めて罰則を強化しても、株主資本主義というエコシステムそのものを改めないかぎり、不祥事は繰り返されます。根本原因を取り除かずに罰則だけ強化しても、犯罪がなくならないのと同様です。

株主に阿る企業

それまで米国史上最大規模だった2002年のワールドコムの大型倒産の記録は、2008年のリーマン・ブラザーズが塗り替えます。

ここで改めて、大企業の不祥事が後を絶たず、金融危機を引き起こすのは、「コーポレート・ガバナンスの取り組みが不十分なためだ」と見なされました。企業の経営に関する規範を、投資する側（機関投資家）を対象とする「スチュワードシップ（スチュワードは執事、財産管理人という意味）」と、投資される側（上場企業）を対象とする「コーポレート・ガバナンス」に分け、それぞれにコード（規範）を設けよう、という動きが出てきたのです。企業が法令を遵守し、効率的な運営が行なわれているかどうか、監視する仕組みを強固にしようというわけです。

しかし、ガバナンスと不祥事防止は何の関係もありません。後に詳しく述べるように、「企業統治の優等生」と言われた東芝で不祥事が後を絶たないことからも、そのことは明らかです。そして、コーポレート・ガバナンスやスチュワードシップ・コードの導入は、むしろさまざまな弊害を生んだだけでした。

ここに「当期総利益に対する株式配当と自社株買いの総額の比率（1981年〜2013年の総額）」を示す数値があります。

企業が自社株買いを行なうと、発行済み株式の総数が減ります。相対的に1株あたりの資産価値やROEが上がりますから、株主の利益が増すことになります。したがって一般に、自社株買いを定期的に行なう企業は株主を大事にしているとみなされ、投資家の間で人気が上がるのです。

米国 S&P 500 株価指数・株式配当・自社株買いの推移

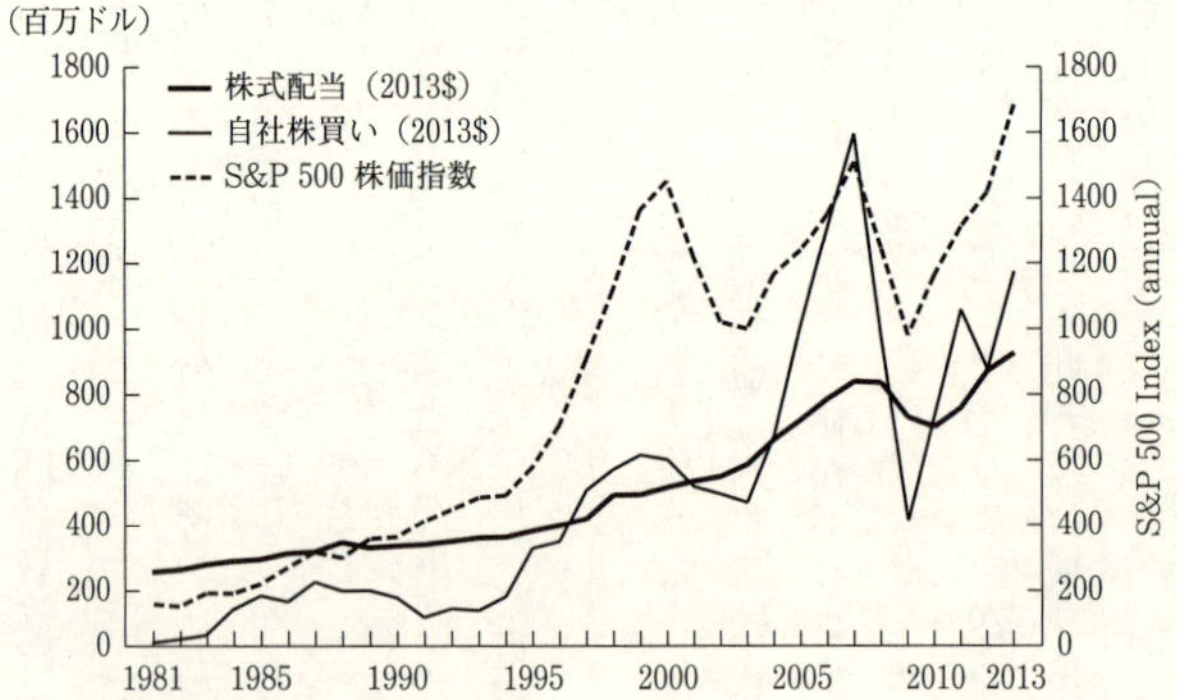

出典：S&P Compustat database, verified and corrected by Mustafa Erdem Sakinç; S&P 500 Index from Yahoo! Finance, annual averages of monthly data.

企業ごとに数字を並べると、次のようになります。

ＩＢＭ	１１３％
マイクロソフト	１１９％
ヒューレット・パッカード	１６８％
プロクター&ギャンブル	１１８％
ファイザー	１３７％
タイム・ワーナー	２８０％
ディズニー	１００％

誰でも名前を知っている、錚々たる世界的大企業ばかりです。この数字が何を意味するか。マイクロソフトを例にわかりやすく言えば、「当期総利益に対する株式配当

と自社株買いの総額の比率」が119%とは、税引き後の利益が100億円あったとすると、その他に19億円の内部留保を崩すか、外部から借入をして、119億円を株主に配っていることを意味します。ヒューレット・パッカードは内部留保をもう使い果たしているので、社債を発行するか借入までして68億円を積み増し、168億円を株主に配っている計算です。IBMは、15年7～9月期に、14四半期連続で減収を記録しました。にもかかわらず、その後も自社株買いの枠を40億ドル分追加し、64億ドル分の自社株買いをすると決めています。

どの企業も、株主におもねっているだけで、これでは企業としていつまで存続できるのか心配になります。

まさしく、「株主こそ一番偉い王様」なのです。王様にとって都合の悪い行ないはすべて禁止であり、王様に富を吸い上げるなら何をしてもOK。これが、「株主資本主義における正しいコーポレート・ガバナンス」の実態です。

この絶対王制の下、王様の意のままに動く家来の筆頭がCEO（最高経営責任者）です。従来の社長職とCEOが大きく違うのは、意思決定の権限です。上場企業におけるCEOの発言は会社の憲法にも譬えられ、トップダウンの独裁的権力を揮うことが認められています。COO（最高執行責任者）は日々の営業について責任をもち、上位であるCEOは経営全般に対して責任をもつ。人事権を含む経営の全権を掌握するのがCEOです。

ところが、CEOもストックオプションをもらうことによって、株主が潤えば自分も潤う、という次第。王様と利害が一致しているのですから、王様にひれ伏すのみです。いくら真面目に働いても豊かになれない従業員の姿など、彼らの眼中にはありません。

コーポレート・ガバナンス・コードやスチュワードシップ・コードを導入しても、「会社は株主のもの」という考えを改めないかぎり、本来の意味での「健全な企業統治」など実現しないのです。「企業は社会の公器である」と示すことこそ、本来のガバナンスのあり方なのです。

株主優先のコーポレート・ガバナンス

もともと日本では、「会社は構成員である経営者や従業員のもの」という意識が強く、むしろ「外部にいる株主が経営を監視する」という考えは希薄でした。「もの言わぬ株主」がほとんどだったのです。

ところが、西武鉄道、カネボウ、ライブドア、オリンパスなどで不祥事が相次いだこともあり、スチュワードシップとコーポレート・ガバナンスの概念が導入されました。それによって、2015年は「コーポレート・ガバナンス改革元年」と呼ばれたのです。東芝の不正会計事件が明るみに出たのは、それより後のことでした。

金融庁が2014年2月に導入した「日本版スチュワードシップ・コード」は、機関投資家や投資信託の運用会社、年金基金などの責任原則を定めたものです。指針として、「機関投資家は、中長期的視点から投資先企業の企業価値及び資本効率を高め、その持続的成長を促すことを目的とした対話を、投資先企業との間で建設的に行うことを通じて、当該企業と認識の共有を図るよう努めるべきである」としています。

その上で、機関投資家は、以下の7つの原則に従うべきだ、と定められました。

①機関投資家は、スチュワードシップ責任を果たすための明確な方針を策定し、これを公表すべきである。
②機関投資家は、スチュワードシップ責任を果たす上で管理すべき利益相反について、明確な方針を策定し、これを公表すべきである。
③機関投資家は、投資先企業の持続的成長に向けてスチュワードシップ責任を適切に果

たすため、当該企業の状況を的確に把握すべきである。

④機関投資家は、投資先企業との建設的な「目的を持った対話」を通じて、投資先企業と認識の共有を図るとともに、問題の改善に努めるべきである。

⑤機関投資家は、議決権の行使と行使結果の公表について明確な方針を持つとともに、議決権行使の方針については、単に形式的な判断基準にとどまるのではなく、投資先企業の持続的成長に資するものとなるよう工夫すべきである。

⑥機関投資家は、議決権の行使も含め、スチュワードシップ責任をどのように果たしているのかについて、原則として、顧客・受益者に対して定期的に報告を行うべきである。

⑦機関投資家は、投資先企業の持続的成長に資するよう、投資先企業やその事業環境等に関する深い理解に基づき、当該企業との対話やスチュワードシップ活動に伴う判断を適切に行うための実力を備えるべきである。

さらに、上場企業を対象とする「コーポレートガバナンス・コード」を東京証券取引所が策定し、２０１５年6月から適用が始まりました。これは次の5つの原則に基づいています。

①株主の権利・平等性の確保
②株主以外のステークホルダーとの適切な協働
③適切な情報開示と透明性の確保
④取締役会等の責務
⑤株主との対話

このうち、④の取締役会については、社外取締役を置き、社外の意見を反映しやすくすることが求められています。

問題は、こうしたコーポレート・ガバナンス・コードやスチュワードシップ・コードが、本当に「健全な企業統治」に結びついているかどうかなのですが、もう少しその内容を詳しく見てみましょう。

東証は、コーポレート・ガバナンスを「会社が、株主をはじめ顧客・従業員・地域社会等の立場を踏まえた上で、透明・公正かつ迅速・果断な意思決定を行うための仕組み」と定義しています。

コーポレート・ガバナンス・コードについては、「実効的なコーポレートガバナンスの実現に資する主要な原則を取りまとめたものであり、これらが適切に実践されることは、それぞれの会社において持続的な成長と中長期的な企業価値の向上のための自律的な対応が図られることを通じて、会社、投資家、ひいては経済全体の発展にも寄与することとなる」と述べています。

また金融庁は、コーポレート・ガバナンス・コードやスチュワードシップ・コードについて、「中長期的視点から投資先企業の企業価値及び資本効率を高め、その持続的成長」を促し、「持続的な成長と中長期的な企業価値の向上に寄与する」ためのものと位置付けています。

では実際に、こうした指針が導入された後、何が起きたか。

まず日本の会社でも、アメリカ企業と同じような株主還元が行なわれるようになりました。

たとえば製薬会社エーザイの2016年3月期の連結決算を見ると、売上高は5479億円で、当期利益は550億円で、配当金の支払い額は428億円。つまり、配当として、純利益の約80%を株主に還元しています。

次にNTTドコモの2016年3月期の連結決算を見ると、売上高は4兆5270億円で、当期利益は5484億円で、配当金の支払い額は2675億円で、自社株買いの額は3075億円。つまり、配当と自社株買いとして、純利益の約105％を株主に還元しています。

要するに、コーポレート・ガバナンス・コードやスチュワードシップ・コードの導入で恩恵を受けたのは、従業員でも顧客でもなく、主にファンドと富裕層で構成される株主ばかりなのです。

ちなみにエーザイの外国法人等持株比率は30・2％です。つまり、これだけ日本企業の儲けが海外へ流出しているのです。

こうした経営判断は、コーポレート・ガバナンス導入前の日本では、あり得なかったことです。世の中では漠然と、「コーポレート・ガバナンスが導入されて企業統治が改善された」と思われていますが、実態はまったく逆なのです。数字を示して安倍総理にも話をしたところ、総理も驚いていました。

不正会計を助長するアメリカ流ガバナンス

自社株買いは、日本でも次第に増えていますが、まさにここに問題があります。

大和総研は、2015年7月のレポートで、自社株買い増加の背景に「日本版スチュワードシップ・コードやコーポレートガバナンス・コードにより、機関投資家や上場企業の中で資本効率に対する意識が高まっていることがあるようだ」と分析し、「コードの目的は企業価値の向上にあり、自社株買いが余剰資金の使い道として適切であるかどうか、合理性を検討した上で実施することが必要だろう」と指摘しています。

問題は、ここに言う「企業価値」の中身です。株価やROEを優先すれば、利益を株主に最大限還元するのが「最も健全な経営」となります。それに対し、利益を中長期的な視野に立って内部留保に回したり、次なる成長投資に充てるのは、「最も不健全な経営」となってしまうのです。

株主への還元を決めるのは、取締役会です。「株主への還元ができない」のであれば、その会社は「ガバナンスができていない」と言われます。株主を代表するアナリストたちがそのように悪く書き立てるのです。すると、株価が下がってしまう。「コーポレート・ガバナンス」という言葉は、こんな歪んだ用いられ方をしています。

経団連の中核メンバーや会計監査法人にも、「こんなことはおかしい」と感じる人も出てきていますが、いまだ経済界の大勢は、内心そう思っていても、声には出せないのです。

アメリカ流コーポレート・ガバナンスの導入が不祥事の防止には役立っていないことは、東芝が起こした不正会計事件を見れば明らかです。

東芝は、現在でも数十社しか導入していない「指名委員会等設置会社」を2003年から採用している「優良企業」です。この年の商法改正で選択可能になったアメリカ流のガバナンスを、いち早く導入したのです。

取締役会の中に、取締役候補を決める「指名委員会」、役員報酬を決める「報酬委員会」、「監査委員会」の3委員会を置き、各委員会は過半数を社外取締役とする決まりで、「先進的だ」と高く評価されました。以来、東芝は「企業統治の優等生」と見られてきました。

そして不正会計事件後、ガバナンス制度も、実質を伴わなければならないという議論のもと、厳選された人物が社外取締役に就いたのです。ところが、2017年1月に「400億円規模の粉飾決算」という不正会計が再び発覚しました。つまり、コーポレート・ガバナンスと不正会計の防止は、何の関係もないのです。新聞を始めとするメディアも、そろそろこの点をきちんと認識すべきです。

四半期決算重視が生みだした不正会計

米国流の「先進的」なコーポレート・ガバナンスの導入において、「優良企業」とされていた東芝の不正会計問題は、とどまるところを知りません。

2012～14年3月期までの東芝の決算によると、6月、9月、12月、3月など四半期の最後の月にパソコン部門の営業利益が不自然に増加していたのです。これは、まさに「四半期決算が生みだした不正」と言えるでしょう。これは、「コーポレート・ガバナンスは不正会計の防止にはまったく役立っていない」ことの証しでもあります。そもそもコーポレート・ガバナンスは、企業経営の健全化のために導入されたというより、取締役にとっての訴訟対策として採用されているのです。コーポレート・ガバナンスと四半期決算を「重視」した東芝は、いま企業として存亡の危機に瀕しています。

エンロン事件も、東芝事件も、短期利益を実態よりよく見せようとする粉飾決算を経営者が主導した点が共通しています。簡単に言えば、その時々の経営陣が、投機家やマーケットの圧力に屈し、日立製作所や三菱重工業などのライバル会社よりもROEを上げようと考えたところから起こった不正なのです。

エンロンも、ワールドコムも、指名委員会等設置会社でした。「ガバナンス機能を高めるため」という委員会設置は、不祥事の防止にまったく役立たなかったのです。

ちなみに、日本のコーポレート・ガバナンス違反には、アメリカと違う点もあります。それは、経営者が私腹を肥やしたケースがほとんどないことです。どの事件も動機は私的利益ではなく、一途に会社を思うため。2011年に発覚したオリンパスの粉飾決算も、前任者がやっていた財テクを公表すれば、会社が潰れてしまう。そうなると社員が路頭に迷ってしまう。そんな事態になるよりは、隠蔽した方がましだ、という判断から行われたものでした。

社外取締役は「コーポレート・ガバナンスの番人」か

経営全般に絶大な権力を握るCEOは、どうやって選ばれるのか。

アメリカ企業では社内に置かれている人事委員会が人選をしています。これまでの実績を元に候補者を探し、インタビューをした上で、ふさわしいと認めた人物をスカウトして選任します。CEOは、大きな権限をもつ代わり、四半期ごとに業績を厳しくチェックされ、売上が落ちたり事業開発計画が遅れた場合は厳重注意を受け、その状態がさらに四半期続けば、取締役会に解任決議が出される場合もあります。

アメリカの会社が日本と最も大きく違うのは、取締役会の構成です。

もともと日本では、従業員として入社した人が昇進して役員や社長になっていくケースがほとんどですから、取締役会の大半を社内役員が占めてきました。一方、アメリカでは、「資本の側にいる人々」である株主を代表する社外取締役が、とても強い権限をもちます。

アメリカでは、社外取締役が過半数を占めていない会社は、「内部不正を隠蔽しているのではないか」と疑われます。逆に過半数を占めていれば、「不正や不明朗な会計は行なわれないだろう」と信用されます。よって社外取締役は、「コーポレート・ガバナンスの番人」とも呼ばれ、その人数を増やすことは、企業が株主からの訴訟を防ぐ役割も果たしているのです。

社外取締役は、株主の声を代弁する立場ですから、会長や社長と意見が違うからといって解任されることはありません。そんなことをすれば即座に社外取締役会が開かれ、社長の方がクビになってしまう。むしろ業績を上げられない社長をその職に留めておけば、自身の責任が問われて株主から解任されてしまいます。株主の意見を経営に反映させられない社外取締役は、株主総会で信任を得られないのです。

しかしこうなると、社外取締役は、誰を守るための「番人」なのか。「健全な企業経営の番人」というより「株主利益の番人」なのです。

事実、アメリカの有名企業の自社株買いについて、「経営陣が株主還元ばかり行なっている」と社外取締役が批判するようなケースは皆無です。株主の利益に反するからです。

本来、CEOに経営について助言を与えたり、ときには暴走を防ぐのが社外取締役に求められる役割のはずですが、そうなっていません。

アメリカ流のコーポレート・ガバナンスは、どこまでも株主にとっての制度にすぎず、CEOも社外取締役も、そのエコシステムの一部なのです。

日本企業における社外取締役

2014年の会社法改正によって、日本の上場企業も、社外取締役を最低1人は導入すべきという方向性が打ち出されました。義務化は見送られましたが、社外取締役を導入しない場合は、その理由を株主総会で説明しなくてはならなくなったのです。

東京証券取引所は、2016年7月時点で上場会社から提出されたコーポレート・ガバナンスに関する報告書を集計し、対応状況（コンプライ率）を公表しました。

独立社外取締役の2名以上の選任　78・8％（2015年12月末比＋21・3pt）
取締役会の実効性評価　55・0％（同＋18・7pt）
情報開示の充実　85・9％（同＋14・0pt）

しかし、アメリカの例で見たように、社外取締役は、「株主資本主義」「金融資本主義」の論理を取締役会に持ち込むだけの存在になりかねません。

もちろん、社外取締役という外部の目が、真の意味での「健全な企業統治」に貢献することはあり得ます。しかしその場合、重要なのは、「社外取締役は誰に忠実か」です。

選任に当たっては、独立性を重視しなければなりません。公平な立場からの冷静で合理的な経営判断が求められるからです。利益の分配が株主や経営陣に偏ることなく、従業員を含めて公平になるように目配りするバランス感覚が重要です。

私が社外取締役に必要だと考える条件は、以下の通りです。職業的倫理、公平性、客観性、専門性、多様性、会社愛と業務内容の理解、従業員に倫理的教育を行なう際に手本になり得る人物であること。

逆に、社外取締役が兼任してはならない役割があります。キングメーカー、評論家、警察官、イエスマンです。責任をもてない判断や行動、理解が及ばない社内の問題について一線を超える判断や行動も、絶対に慎まなければなりません。

社外取締役は、真の意味での企業統治に寄与する存在でなければなりません。アメリカ企業のように、株主の代理人であってはいけないのです。

社外取締役には、社外の株主がなることもありますが、日本には、主要株主ではない「独立取締役」も存在します。けれども、アメリカ流のコーポレート・ガバナンスの方針に従う彼らも、株主の代理人のような行動をとることがほとんどです。

短期間で成果を上げるほど評価される

「会社は株主のもの」という株主資本主義のもとでは、企業統治において、次のような根本的な倒錯が生じます。10年かかって1000億円の利益を上げ、称賛を浴びた会社のCEOは、株主から次にこう言われるでしょう。

「同じ利益を、今度は9年で出してくれ」

その期待に応えれば、「よくやった。次は5年で」と。

こんなことを繰り返していたら、製造業や研究開発を必要とする各種の産業は、ある段階からまともな経営などできなくなります。長期的な視点からの経営判断は失われ、目先の利益に追われ、研究開発に回す資金がなくなるからです。

あげくの果てに、「1年でよくやった。今度は1カ月で。その次は1日でやってくれ」と。

その成れの果てが、わずか1秒で利益を上げようとする金融市場の超高速取引（HFT）です。

現在、IRR（インターナル・オブ・レート・リターン＝内部収益率）という指標まで登場しました。利益を上げるのにかかった期間が短いほど、高い数値が出る指標です。ROEの先を行くこのIRRは、まさに投機家だけに向けた指標でしかありません。

こんな環境では、長い時間をかけて研究開発を行ない、さらに製品化して製造して販売する、というプロセスが評価されることはありません。

「5年以内に結果を出せ」と言われてしまったら、研究開発を中心とする企業や製造業は、そもそも初めからビジネスモデルとして失格となります。短期利益優先のエコシステムは、製造業を破壊するのです。イギリスでは、1990年代に入って製造業が消えました。アメリカもそうなっています。日本においても、そういう傾向が非常に強くなっています。5年より、3年で結果を出す方が良い。3年よりも2年、さらには1年、1カ月でリターンを上げようと思えば、手段は投機的な金融しかありません。ヘッジファンドやアクティビストの跋扈する世界です。

ヘッジファンドとは、株価や商品の相場、通貨相場などにおいて、「将来の理論値と実態との乖離」に着目して資金を注ぎ込み、利ザヤを稼ぐことを目的としたファンドのことです。

アクティビストは、かつてサッポロビールやブルドックソースにTOB（株式公開買い付け）を仕掛けたスティール・パートナーズや、ニッポン放送や阪神電気鉄道の株を買い占めて話題になった村上ファンドのような、いわゆる「モノ言う株主」です。しかし、彼らは何のために「モノを言う」のか。「健全な企業経営」のためではなく、その企業が持っている資産の売却や現金の配分こそ彼らの狙いなのです。

モノ言う株主は、株主にとっての短期利益を求めます。つまり、株価を吊り上げる経営と増配です。アメリカでは、内部留保をすっかり吐き出させるに留まらず、大株主となったヘッジファンドが、会社そのものを清算して資産を売却して利益を得る、という乱暴なケースまであります。

ところが、ヘッジファンドやアクティビストの行なう投機的な金融を美化する風潮が、英米にはあるのです。彼らは持続的に儲かっているわけではありませんが、一時的に非常に儲けた時に多額の政治献金をするからです。アメリカでは、2010年に企業献金の上限がなくなりました。

金融資本主義でマネーを握る連中が、製造業で地道にコツコツ働いている労働者を支配しています。そして、マネーが政治まで動かしてしまうのです。

2016年の大統領選挙における民主党ヒラリー・クリントンへの反感の大部分は、ウォールストリートが天下を取ることへの反感でした。共和党のドナルド・トランプは、言動に問題はあっても、ウォールストリートとの関係が少ないために支持を集めたのです。

ところが、2016年11月8日の大統領選での勝利から2017年1月20日の大統領就任式までに徐々に固まってきた陣容を見ると、トランプ政権は、ウォールストリートと距離を置くと思われていたのに、必ずしもそうではないようです。というのも、最大6名ものゴールドマン・サックス（GS）出身者がトランプ政権の幹部となりそうだからです。

財務長官のスティーブン・ムニューチンはGSの元パートナー、国家経済会議（NE

C）委員長のゲイリー・コーンはGSの前社長兼最高執行責任者（COO）、財務次官の最有力候補のジム・ドノバンはゲイリー・コーンの元部下、首席戦略官のスティーブン・バノンはGSの元M&A担当、そして経済顧問のアンソニー・スカラムーチと大統領補佐官に指名されているディナ・パウエルもGS出身者です。

さっそく彼らは、金融規制（金融危機を教訓として2010年7月に成立したドッド・フランク法）の緩和を働きかけました。2017年1月第2週の段階では、ウォールストリートの要請をはねつけていたようなのですが、2月に入ると、トランプ政権は、金融規制の緩和に舵を切り始めました。ですから、トランプ政権下で、富裕層がますます富む体制が出来上がってしまうかもしれません。

株式上場で資金が流出する

株式の上場は、すでに本来の意味を失っています。企業の上場で利益を得る投資銀行や証券取引所は、「株式の上場によって資金を市場から調達できますよ」と言いますが、結果を見ると、まったく逆です。むしろ企業の資金が外部に流出してしまうのです。

上場時に株式を投資家が買ってくれれば、外部から資金を調達できます。しかし、自社株買いには内部留保を充てるので、会社の資金を外部へ放出することを意味します。ですから、「外部からの資金調達（株式市場での売却分）」と「内部からの資金放出（自社株買い分）」の差額が、「上場によるネットの資金の増減」となります。

実は、多くの企業で上場時のネットの資金の増減がマイナスになっていることは、1993年以降のニューヨーク証券取引所の統計でも明らかです。つまり、「外部から資金を調達するための上場」というのは、すでに有名無実化しています。株式の公開で、会社が蓄えた資金が株式市場に吸い取られてしまうのです。

投機家にとって最も望ましいのは、株価が乱高下することです。上がれば空買いで儲かるし、下がれば空売りで儲かる。相場が動かない状態が、最も儲かりません。「金融緩和をしましょう。そうしたら株価が上がりますよ」という投機家の主張は嘘で、真の狙いは株価の乱高下です。コンピュータのプログラムや人工知能を使って、上がったり下がったりするごとに儲けるのです。

株式保有の短期化

社会インフラの整備、企業の研究開発、ベンチャー企業の起業によって実体経済を成長させ、産業の競争力を高め、雇用を増大させるのに必要なのは、中長期的な投資です。これが真の意味での成長戦略です。

ところが最近の資本市場では、投資の短期化が進んでいます。その象徴が、株式の平均保有期間です。ニューヨーク証券取引所のデータでは、１９６０年は平均８年を超えていました。それが２００５年には、１年を切っています。自動プログラムや人工知能による超高速取引が跋扈する現在では、保有期間の計算などもはや不可能になっています。

東京証券取引所でも事情は同じです。１９９２年には株式保有期間の平均は５年を超えていましたが、現在では１年を切っているのです。世界の主要な証券取引所のどこでも同じことが起こっています。さらにＨＦＴ（スーパーコンピュータによる高速取引）の登場で１秒間に何千回、何万回もの売買が行なわれるようになったので、現在の平均保有期間がどれくらい短かいのかは、私には分かりません。

いずれにせよ、株式保有の短期化を、実は金融行政が後押ししています。

日本でも２００８年から、企業の業績の変化をいち早く投資家に知らせるためとして、四半期ごとの決算開示が義務づけられました。２００５年３月期には、上場企業の９割が四半期開示を行なっていたとはいえ、義務化が企業に与えるインパクトは甚大です。

四半期決算の開示は、経営の意思決定を迅速にする反面、四半期ごとに利益確保が求められ、中長期的な経営方針だけでなく、1年を単位とした経営計画にも支障をきたします。

そこで2016年10月19日に開催された未来投資会議の構造改革徹底推進会合で、企業関連制度改革、産業構造改革の政策提言として、私は、株式公開企業での四半期決算開示義務の廃止と適宜開示への移行をできるだけ速やかに行うことを、所管大臣を始め、出席者全員に強く勧めました。

長期的投資が許されないアメリカ企業

化学大手のデュポンは、年間で1兆円以上を研究開発に使っていますが、2005年当時、研究開発費のうち、3分の1は短期で5年以内、3分の1は中期で5年から10年、3分の1は10年以上でした。

このうち10年以上の研究開発は、開発がうまくいくのか、製品化がいつになるのかがはっきりとは見通せないケースがしばしばですが、アナリストに、中長期の研究開発が将来の株価にどのように好影響を与えるかについて聞かれるそうです。彼らはいわば株主代表ですから、「なぜそんな、利益に結びつかない研究をやるんだ」というわけです。

ただ、はっきりしているのは、現在の売れ筋商品でも、5年以内に陳腐化して売れなくなるか、製品そのものが淘汰されてしまうか、売れ続けても利益率が下がる、ということです。だからこそ、中長期の研究開発が企業の存続にとって極めて重要になるのです。

とはいえ、中長期の研究開発が将来の企業利益にどのように貢献するかについて、あらかじめ明確に説明するのは極めて困難です。そのため、より明確に説明できる短期利益ばかりに関心が集中します。その結果、研究開発費は減らされ、さらには自社開発よりもM&Aに軸足が移されていってしまうのです。

デュポンのチャールズ・ホリデー元CEOが言っていたのは、「日本の東レが羨ましい」という話でした。東レは独自技術の炭素繊維で、米ボーイング社との間に1兆円という大型契約を結びました。重さは鉄の4分の1、強さは10倍という炭素繊維は、航空機にうってつけの素材なのです。東レの炭素繊維は、新型の大型機「777X」の主翼に使われるようです。

実は、この炭素繊維の開発から製品化まで、東レは40年以上の時間と多額の研究開発費をかけています。東レの日覺昭廣社長は、私との雑誌の対談で、こう語っていました。

「この間、東レは散々叩かれてきましたよ。『繊維をやめられない』とか『選択と集中ができない』とね。しかし、炭素繊維も逆浸透膜も人工腎臓もみんな繊維の技術。時流に迎合する経営をやっていたら今はない」

「社会の長期的課題から長期の展望を描き、3年程度の中期計画でマイルストーンを置く。でも短期で赤字だと会社は潰れるから、利潤追求もしっかりやる」

「世の中の一般論に耳を傾けていたら将来のネタを潰す。素材メーカーとしての基本に忠実に、あるべき姿を目指して、やるべきことをやるといつも言っている」

私はこう答えました。

「40年超という時間を耐えられたのは、既存事業の利益があったからだけではない。事業ポートフォリオの一部が赤字でも、長期的利益につながるなら新事業を継続し完成させるという企業文化を経営陣が大切に守ってきたからだ」

すると日覺社長は言うのです。

「釣り竿やゴルフシャフトで技術の極限を追求してきたからこそ、ボーイングの高い要求に応えられるようになった。ただ現在の強度は、理論値の10％にも達していない。今後何十年もかけてさらに強度を上げていく」(『月刊Ｗｅｄｇｅ』２０１6年3月号)

デュポンのホリデー元ＣＥＯはこうした東レの事情を知っていて、「あんなものをやりたいんだ。でも、時間がかかりすぎる。やるべきなのは分かっているんだけど、いつ利益になるかわからないから、やらせてもらえない」と嘆いていたのです。

ベンチャーが廃れ、M&Aがもてはやされる

自前で研究開発できないのであれば、研究開発を行なっているベンチャー企業に投資し、その成果を入手する方法もあります。ところが、株価優先のエコシステムの下では、こうした手法すら困難になっています。

たとえばある大手企業が、ベンチャーに500億円投資したとしましょう。ところが研究開発は思うように進まず、売上は毎年ゼロ続き。やがて5年が過ぎ、投資した500億円がゼロになれば、500億円は減損処理が必要になり、株価が下がる。こうして大手企業の株主は、ベンチャーへの投資の継続を認められなくなるのです。

アメリカの企業は、ベンチャーへの投資から手を引くようになりました。それに代わるのがM&Aです。すでに成果を上げた企業を買収するので、リスクは低い。しかし、産業界全体への研究開発の投資は減ることになります。

ルールの変更によって、現在、企業買収のあり方が大きく歪んでいます。

A社がB社を買収しようとするとき、B社の株価が1000円で1000万株必要だとしたら、会社は100億円を用意しなければいけません。通常、この100億円の現金を銀行借入や資産売却で調達します。こうした企業買収を容易にする悪しき仕組みが、「レバレッジドバイアウト」と呼ばれる企業買収の方式です。買収を計画しているA社が、買収相手であるB社の資産やキャッシュフローを担保に資金を調達し、買収後に資産売却などを行なって負債を返済する、という方法です。

こんな詐欺まがいは、以前は許されていませんでしたが、まずアメリカで合法化され、日本にも「上陸」しました。現金を用意する必要がないので、合併やM&Aが容易になります。かつてライブドアが、ニッポン放送とフジテレビに買収を仕掛けたのも、この方法です。短期利益を求める人たちにとって、使いやすく儲けやすい手法なのです。

さらに2006年の新会社法では、「株式交換による三角合併」も可能になりました。A社の子会社であるB社がC社を買収する際、親会社であるA社の株式をC社の株主に与え、代わりにC社の株式を手に入れるのです。これによって、外資系企業による日本の子会社を使った買収が容易になりました。これもまたアメリカの企業が、ROE向上のため買収に使える現金を吐き出してしまったところで、代案として編み出された手法なのです。

この種の買収で物を言うのは株価です。株価を吊り上げ、これによって他社の買収を繰り返し、事業を拡大するのですが、正しいやり方でしょうか。「虚業の実業への移転」にすぎず、中長期的な経営の視点など微塵もありません。

さまざまな米国型の金融制度や規制緩和が、株主資本主義をのさばらせています。たとえば、自社株買いは、日本では、1994年の商法改正までは禁じられていました。旧商法に記されていた「資本充実の原則」に大いに反するからです。

理不尽な規制や不必要な規制を撤廃することは当然です。しかし、現行の日本の規制緩和は、投機家を利するばかりです。

会計基準の違いで株価が変わる――「のれん代」の扱い

M&Aは、日本でも盛んに行なわれるようになりました。その理由として、「のれん代」の償却が必要でなくなったことがあります。

A社の株価が1000円で発行株数が1万株なら、A社には1000万円の価値があります。しかし企業には、数値化できない無形資産もあります。食品でも、家電でも、同じような商品の間で迷ったときには、消費者は、メーカー名やブランド名で選ぶものです。

こうした知名度やブランド力が「のれん代」です。時価総額が同じ1000万円の会社でも、A社とB社では「のれん代」が違うという場合があるのです。

「のれん代」の問題は、東芝の不正会計事件で知られるようになりました。東芝がアメリカの原発メーカーであるウエスチングハウス社を買収した件で問題になったのです。

M&Aにおいては、資産価値に「のれん代」を乗せた金額が買収額になります。資産価値2000億円といわれたウエスチングハウス社を東芝は6000億円という高額で買収したのですが、差額の「のれん代」4000億円を償却していなかったのです。

日本の会計基準では、「のれん代」は20年で償却する決まりです。

たとえば日本たばこ産業（JT）は、2007年にイギリスのタバコ会社ギャラハーを買収しました。金額は2兆円を超えたと言われています。その影響で、2008年3月期の売上は前年比で34・4%増加したのに、2009年3月期の「のれん代」償却額は、約1055億円に達しました。売上高は増えても、営業利益は前年比マイナス15・5%となったのです。

ところが、日本の会計基準ではなく、「国際会計基準（IFRS）」に乗り換えれば、「のれん代」の定期償却は不要になり、利益が圧迫されなくなります。そのため、201

0年以降、M&Aを行なうために会計基準を国際会計基準に替える日本企業が続出しました。JTも、2012年3月期に替えています。

たとえば、最近10年で約2兆円をM&Aに充てたといわれている武田薬品工業も、国際会計基準に移行しました。「2014年3月期末から移行する」という方針を伝える記事（日本経済新聞電子版、2012年5月19日付）には、こうあります。

「現行の日本基準で費用計上しているのれん代の償却がなくなる影響などで、営業利益を400億円押し上げる要因となりそうだ」

「投資家にとって欧米企業との比較の点で、同じ会計基準の採用が望ましいと判断した。買収で海外子会社の比重が高まるなど、グローバル化を推進していることも背景にある」

ここにも、株主重視のエコシステムが確認できます。

同じM&Aをやっても、日本の会計基準では損失が出て、国際会計基準では損失が出ない。単なる数字上の操作にすぎないのに、株価には大きく影響するのです。

ビジネススクールで教え込まれる株主資本主義

アメリカ通商代表部（USTR）は、2011年に発表した「外国貿易障壁報告書」の中で、日本に対して株主の利益をより重視した会社法の改正を求める方針を示しています。彼らの言い分では、日本では2006年の新会社法施行などで「会社は株主のものだ」という形になっているはずなのに、いまだ実態が伴っておらず、「アメリカン航空のようなケースで経営陣がボーナスを取らないのはけしからん」「従業員の給料を減らすときに、経営陣も報酬を削減する風習があるのはおかしい」「日本は資本主義の原則から外れている」「日本もアメリカと同じルールで行動すべきである」と。

この要求を聞いて、日本の政治家、経済学者、経営者には「グローバル・スタンダードを日本に持ち込むのだから悪い提案ではない」と感じた人が多かったようです。とんでもない話です。こうした考えは、21世紀の新しい資本主義の流れに逆行するものです。日本にとっても、こんな要求はのめません。「従業員の給料を削るなら、経営陣は自らそれ以上削る」「業績不振でも雇用は守る」といった日本的経営の伝統も、「会社法違反」になってしまうからです。

そうでなくても2006年の新会社法は、ほとんどアメリカ版のコピーなのです。

私は1979年から1年間、スタンフォード大学のビジネススクール（経営学大学院）で学びましたが、マーケティングやファイナンスなどの授業は、米国の企業経営やバンカーの考えを理解する上で大いに参考になりましたが、「株主にとっての企業価値を上げろ」という間違った教えまで叩き込まれるのです。「マーケットバリューや時価総額を上げるためにどうやればいいか」「経営リスクをいかに下げるか」というのが、ビジネススクールの教育です。「会社は公器である」といった経営者にとっても大切な認識を教える先生は少ないのです。

「研究開発期間は短期間に限る。2年目からは買収してもらえるような体裁を整えるベンチャービジネスこそ、素晴らしいビジネスだ。このような企業に投資することこそ、ベンチャーキャピタルの仕事だ」と教えられましたが、そんなのは、「ベンチャーキャピタル」の名に値しません。リスクが高い事業にこそ関わり、そのリスクを下げる能力のある人を「ベンチャーキャピタリスト」と呼ぶのです。リスクの低さばかり求める人は、単なる「マネーゲーマー」です。

株主資本主義や金融資本主義のエコシステムを世界に蔓延させることを使命とするビジネススクールに2年もどっぷり浸ってしまったら、まともなビジネスマンにはなれません。アメリカ型のグローバリゼーションを世界で進めるための兵隊がＭＢＡ（経営学修士）であり、ビジネススクールはその養成学校です。そしてアメリカのグローバリゼーションとは、世界を自国のルールに従わせることであり、世界のお金を自国に吸い上げることです。その対象には、もちろん日本も含まれます。

私は20代後半でしたが、考古学をやっていたおかげで洗脳されずにすみました。100～1000年単位の時間軸でものを考える習慣がついていたから、3年とか1年で利益を上げると言われても、短すぎてピンと来ないのです。まして四半期決算など、まったく馬鹿げたものにしか思えなかったのですが、学生たちは、ほとんど全員が洗脳されていました。

会社は誰のものか

私の経験から言えば、新しい技術が事業化されるまでに背負うほかないリスクが2つ存在します。

ひとつは、その技術の実現可能性と有効性に関わる「テクノロジーリスク」です。もうひとつは、開発技術の市場での受容可能性に関わる「マーケットリスク」です。この2つのリスクをクリアする見込みがないと、金融機関から融資を受けるのは困難となります。

そんなときにリスクを共有し、資金を提供するのが、ベンチャーキャピタルです。アメリカのIT基幹産業のほとんどは、そうやって成長しました。80年代のアメリカのベンチャーキャピタルには、新しいアイディアに関心をもつ人が数多くいたのです。

私も実際に、エンジニアと一緒に語り、一緒に働き、一緒に製品を売りました。どの会社も軌道に乗るまで膨大な時間を要し、苦労ばかりでしたが、その分、どの企業も、自分の体の一部のような存在です。

私たちのデフタ・パートナーズが、新しい動画処理技術を開発したイスラエルのオープラス・テクノロジーズ社の支援を始めたのは、1999年12月25日の同社創立からです。この時点でオープラス社のバランスシートは、現金勘定40億円、資本金40億円ですから、超優良企業でした。

しかし「テクノロジーリスク」が待ち受けていました。応用数学の研究成果を画像処理のアルゴリズムに適用し、ソフトウエア化してマザーボードに載せ、それを試作してから、最終的にASICという集積回路にする、という過程が、本当に実現可能なのか起業時には分かりませんでした。この間、資金は出ていく一方で、創業時の40億円を2年後にはほとんど使い果たしました。

結果的に技術開発に成功し、「マーケットリスク」も乗り越えて、オープラス社は画像処理半導体の世界的なメーカーとなり、2005年には、インテルと世紀の合併を果たしましたが、一時は債務超過目前だったわけで、投機家や監査法人の目からみれば、「投資はすでに破綻状態で、減損として計上するように」と迫られる状況でした。創業経営者は交替させられ、投資は撤回され、そうなれば開発はストップ。しかし、このような時でも、「会社の『現金』が『価値のある技術』に姿を変えたのだ」と監査法人に説明し、自らも追加投資に応じるようなことができるのが、真のベンチャーキャピタリストなのです。

このように、本来のベンチャーキャピタルは、技術を元にして新しい価値を生み出す製造業に近い存在です。ところが、現在のベンチャーキャピタリストは、モノづくりの過程にそこまで関わりません。見ているのは数字だけ、興味があるのはすぐに儲かるかだけです。いまや彼らの9割は、元金融マンや元経営コンサルタントです。こんな人たちに新しい企業など育てられないのです。

金融資本主義が世界中にはびこった理由

1970年代から80年代のアメリカで、コンピュータを中心としたIT産業が次々興ったとき、金融は縁の下の力持ちであり、経済全体として健全な形が保たれていました。

そして1990年代に入るとIT産業が一気に花開き、世界を席巻します。投資していたベンチャーキャピタルなども、膨大な利益を手にします。ところが、その後、IT産業にはさらに多くの資金が流れ込み、投資資金は必要額を超え、ネットバブルが到来したのです。

ベンチャーキャピタルに集まる資金も、膨大な額に達しました。デフタ・パートナーズが1985年に資金を出し、私自身もパートナー（共同経営者）として参画したアクセル・パートナーズというベンチャーキャピタルが、全米第2位になった当時の資金規模は25億円でしたが、いまは5000億円を超えています。私は、このベンチャーキャピタルからITバブルが始まる前にリタイヤしました。すっかりマネーゲームと化してしまったからです。

逆説的なことですが、5000億円もの資金規模になると、ベンチャービジネスはつくれません。モノがないから足を使う、カネがないから頭を使うのが、ベンチャービジネスです。そこからさまざまな工夫や知恵が生まれ、人材も育つのです。そこへ資金ばかりを注ぎ込んでも何も生まれてこないのです。お金がありすぎると、人は物を考えなくなるものです。物を考えることまで外注する方向に向かいます。あるいは、自ら開発の現場に赴かなくなったり、顧客の元に足を運ばなくなり、本社の事務所で報告だけを聞く、というようなことになりがちです。

これは実際にあった話です。ある起業家が、新技術の特許を取った上でベンチャーキャピタルに事業計画を持ち込んだところ、「製品が完成してから来て下さい」と投資を断わられたそうです。製品を完成させてからまた行くと、そのベンチャーキャピタルは、「売れ始めたら来て下さい」と。悪い冗談のようですが、これがアメリカの現実です。ヘッジファンドやアクティビストのような投機家の対極にいるのがベンチャーキャピタリストだったはずなのに、これでは「マネーマネージャー」でしかありません。

私は長いこと、アングロサクソンとユダヤ人に囲まれて商売をしてきました。先端技術を追いかけていたら、株主資本主義と金融資本主義のメッカにいたわけです。手がけた企業が上場し始めた1995年くらいから、だんだん矛盾に気づくようになりました。上場してみると、株主たちに中長期の経営や研究開発が否定されるようになると同時に、株主利益最優先の流れに直面するようになったのです。

「あぶく銭」では幸せになれない

株主資本主義は富の偏在をもたらします。では幸福の偏在をもたらすかというと、必ずしもそうではありません。金持ちになれば幸せだとは限らないからです。

私がベンチャーへの投資で最も儲けさせたのは、ネットバブルのときに出資した30歳の貧しいスイス人の青年社長でした。彼は、キャッシュで500億円を手にしたのです。恵まれなかった生い立ちの反動もあったのかもしれません、彼はスイスへ帰るとお城を買いました。

「大きなお城に住みたい」というのが、彼の夢だったそうです。ところがお城なんて、住み心地は悪いに決まっています。空調は効かないし、掃除も大変だし、使用人も数多く必要です。もともと王族のような家に生まれついていたら慣れるのかもしれませんが、彼はあまり楽しそうではありませんでした。お金があれば幸せになれる、とは限らないのです。ところが彼は、「もっと大きな城を買えば幸せになれるのではないか」とか、「別の何かにお金を使えばもっと幸せになるのではないか」と勘違いしていました。

シリコンバレーの成功者の中には、チャレンジ精神を持ち続ける人もいますが、富豪なのに幸せには見えない人も多くいます。ウォールストリートのトレーダーなどが、何百億円と稼いでも、マネーゲームにすぎません。しかもそもそも他人のお金ですから、どんなに損をしても自分の損にはなりません。

「市場万能主義」が健全な市場を潰す

「株主資本主義」と並んで世界経済を蝕んでいるのが、「市場万能主義」です。市場を極限まで自由にすることで最も効率よく資源配分ができ、個人の自由と社会の繁栄につながるという考え方です。

しかし、すべてを市場任せにすることには限界があります。市場原理が成り立つのは、参入障壁がなく、誰もが商売相手や商品に関する情報を正確に入手でき、完全な競争が実現している場合のみです。しかし、こうした条件が揃うことは現実にはあり得ないので、「市場万能主義」は机上の空論にすぎません。

「市場原理に任せれば、公益も自ずと実現する」と考える人もいますが、楽観的にすぎます。市場原理の前提条件が整わなければ、「市場万能主義」は、不幸な結果をもたらすことになります。長らく市場原理に任せて放ってきた環境問題や格差問題など、地球上でどれほど深刻化したかを見るだけで分かります。

社会主義より資本主義の方が優れていることは明らかで、国家が統制する計画経済より市場原理の方がましです。しかし現実にはすべて自由ということはありえず、法律、規制、習慣、倫理観などのルールが存在することで初めて市場は機能するのです。そしてとくに、資本主義と公益を両立させるルールが必要なのです。

自由をはき違えた結果が株主資本主義、さらにはそのなれの果てである金融資本主義の暴走をもたらしました。1929年の大恐慌と同様に、2008年のリーマン・ショックも、市場万能主義の帰結です。冷戦後に、社会主義に勝利した資本主義が歯止めを失って暴走した結果と言えます。

株式市場はもはや資金調達の場ではない

株式の公開で市場から資金を調達できるというのは、もはや思い込みにすぎません。

先に述べたように、アメリカの証券市場では、1993年以降、新規株式発行による調達額よりも、自社株買いの金額の方が大きくなっています。この傾向は、2000年代に入って強まるばかりです。たとえば、ナスダックに株式を上場しても、市場から調達できる資金よりも、市場に吸い取られる会社の資金や内部留保の額が上回ってしまうのです。これでは何のための上場か分かりません。したがって、私たちの会社も、最近はあまり上場させていませんし、上場を勧めるようなこともしません。

ヘッジファンドやアクティビストといったグループや投機家が自社株買いを要求するので、このような現象が起こるのです。自社株買いを行なうと株価は上がるため、経営陣はストックオプションで莫大なリターンを得ることができます。こんな歪んだ「経営」が横行するようになったのは、1980年代以降です。

会社が利益を上げたときには、それまで会社を支えてきた人たちに利益を優先して分配すべきなのです。これは、「会社は社会の公器である」という考え方に基づいています。日本の企業人なら、社長でも、平社員でも同意することでしょう。さらには、会社は、顧客や仕入れ先などにも支えられているのです。さらに借入をしているなら、その銀行や資金を貸してくれた人々にも会社は支えられている、と言えます。

このように会社を支える仲間のすべてを私は「社中」と呼びたいのですが、その「社中」のなかでも、会社にとって最も重要なのは、社員です。社員の苦労があればこそ、企業は事業を続け、発展できるからです。

株主のうちで「会社を支える一員」とみなすべきなのは、5年以上の長期にわたって株を持ち続けた株主のみです。株数の多寡ではなく、その企業の事業と理念に共感し、長期にわたって経営を支えたいと考えている株主こそ優遇すべきです。

時価会計と減損会計は間違っている

資本主義にはルールが必要ですが、ルールの中身によって資本主義のあり方は大きく左右されます。

たとえば、「グローバルスタンダード」として日本が導入を進めている国際会計基準とはどんなものか、よく考えるべきです。

ある会社が、自社ビルを建てるために土地を買いました。値段は1億円でした。翌年、土地の価格が8000万円に下がりました。以前に主流だった簿価会計では、その土地を売らない限り、帳簿上は買ったときの1億円のままです。ところが時価会計だと、1億円から8000万円を引いた差額の2000万円を損失として計上しなければなりません。仮にその年に2000万円の営業収益があったとすると、帳簿上は相殺され、利益はゼロになってしまいます。

このように、時価に基づいて資産価値を計上するのが、時価会計です。そして資産価値が下がったときに下落分を「損失」として計上するのが、減損会計です。

減損会計では、本業が好調でも土地の資産価値が下がれば、儲けが消えてしまいます。そのため企業は、土地を持たなくなります。大企業が自社ビルを売却して賃貸に切り替えるのは、こういう理由からです。メーカーなら、土地を買って新しい研究所や工場を建てるより、外部に委託する方がリスク回避になります。

多くの企業グループが、株式の相互持合を解消させているのも同じ理由です。保有している他社の株式の株価が下がるたびに損が出るからです。

土地や他社の持ち株などの資産を減らせば、ROEが上がり、したがって株価が上がり、投機的な株主が喜ぶのです。要するに、時価会計もまた、株主資本主義にとって都合のいい会計基準なのです。

所有する土地や株式の資産価値が上がっても、資産を売却しなければ「利益」として計上できません。帳簿には表れない「含み益」ですが、金融機関は把握していますから、この含み益を担保に融資を行ないます。すると、その会社の資産価値はさらに上がり、含み益もさらに大きくなります。

他方、景気が悪くなった場合、土地や株式の値下がりが帳簿に反映されます。すると、その土地や株はますます買われなくなり、値下がりが連鎖し、景気の悪化を助長します。

つまり、時価会計や減損会計の最大の欠点は、景気の振幅を必要以上に激しくする点にあるのです。

日本で時価会計や減損会計が注目され始めたのは、バブル崩壊後、銀行の抱える不良債権が大問題になったときです。値上がりする見込みのない土地の資産価値を取得時の簿価のままで評価するのはおかしいからです。時価会計は、不良債権の処理には有効でした。しかしこれを現在もそのまま使い続けるのは間違っているのです。下落した不動産の資産価値を時価会計や減損会計で処理することで、リーマン・ショック後、実に多くの会社が破綻しました。ところが、現在なら、これらの会社が保有していた土地の資産価値は、相当回復していたはずなのです。

研究開発を伴う企業においては、投資の成果が2、3年で出るとは限りません。5、6年かけて結果が出なければ、研究開発を続けようとしても、債務超過に近づいていきます。そこで時価会計の最たるものである減損会計が適用されれば、倒産するほかありません。時価会計や減損会計が、長期間を要する研究開発に取り組む企業の出現を阻み、新しい技術や産業の芽を摘んでいるのです。時価会計や減損会計がはびこると、大企業は、近い将来、減損が生じるかもしれないベンチャーへの投資を控えるようになり、「のれん代」を償却せずに済む国際会計基準に乗り換え、M&Aになびくようになります。

内部留保は会社の生命線

アメリカでベンチャーキャピタリストとして活動した後に、日本へ来て最も驚いたのは、村上ファンドのようなアクティビストに対する評価です。「インサイダー取引は違法でも、株価を上げたり内部留保を株主に分配しようとした行動原理は正しい」と考える人が多かったからです。

株主資本主義の下で、企業価値を「時価総額」で測るようになり、その指標として「ROE」が重宝されるようになりました。ROEを向上させるには、企業資産を小さくすればいいので、利益は、内部留保として貯めたり設備投資に回すより、配当金として分配した方がよい、ということになります。ROEにとって、内部留保はむしろマイナス要素なのです。

これは、あまりに馬鹿げたルールです。企業には、持続的な成長をするために、リスクを取って資金を投じ、新規事業を起こしたり、大規模な研究開発投資を行なう必要があります。その資金を用意する方法は3つだけです。①金融機関から借り入れる、②現行の株主に対して割当増資を行なう、③内部留保を取り崩す。

①の借入金は、必ず利子をつけて返済しなければなりません。その投資が結実しない可能性を考えると、本体まで破綻する大きなリスクがあります。そもそも借入金とは、「リスクを好まないお金」ですから、こうした目的には使うべきではありません。②の割当増資による資金調達は、株主を説得する必要があります。昨今の短期のリターンを求める株主に、中長期的な投資を理解してもらうのは、並大抵のことではないでしょう。必然的に、③の内部留保の活用という選択肢が残ります。

自らの将来のために自ら貯めた資金を使う、というのは、至極、真っ当な企業行動です。内部留保は、個人にとっての貯金と同じで、自然災害や金融危機など、いざというときのために備えて蓄えておくべきものでもあります。

内部留保も、一朝一夕に蓄えられるものではありません。これを吐き出せと迫るヘッジファンドやアクティビストの言動は、企業経営の基本原則に完全に反しています。彼らの跋扈を食い止め、企業こそ主役で、金融機関や株主は主役を支える側、という関係性を取り戻さなければなりません。

ヘッジファンドやアクティビストの阻止

ヘッジファンドやアクティビストの跋扈をどう食い止めればよいか。

アメリカで2010年に成立した「金融規制改革法（ドッド・フランク法）」は、銀行が自ら行なう資産運用に規制を設けました。ポール・ボルカー元米連邦準備制度理事会（FRB）議長の名前を取って「ボルカー・ルール」と呼ばれています。証券、金融派生商品、商品先物・オプションの短期的な自己勘定取引を原則禁止するとともに、ヘッジファンドや未公開株ファンドに対して総資産の3％以上の出資を行なうことを禁止しています。ヘッジファンドやアクティビストへ無制限に資金が流れるのを防ぐためです。

先に触れたように、このボルカー・ルールも、トランプ新政権で撤廃されようとしていますが、そもそもこうした金融規制だけで新たな危機を防げるというのは、幻想にすぎません。規制によって投資対象となる金融商品が不足すれば、余ったマネーは株式に向かいます。ウォールストリートにとっては、バブルを繰り返す方が潤うのです。

ボルカー・ルールは、ほとんど効果はないでしょう。いくら銀行業務に自己資本規制をかけ、リスクの高い証券取引をさせないようにしても、借入を用いれば、資産を大きく膨らませることができるからです。投資は禁止されても、貸出は禁じられていません。ノンバンクファイナンスへの資金貸出が許されている以上、規制として不十分なのです。

投機家たちが内部留保を狙うには、1株あたり200％とか500％の増配を要求して、配当金として奪っていくケースが多いのですが、それまでに貯められた内部留保は、過去何十年にわたる株主が、「会社の将来の発展のため」という考えから利益を内部留保することに同意してきたからです。そうした蓄えを現在のにわか株主だけが受け取るのは、おかしいのです。

これを阻止するには、たとえば200％以上の配当を要求する場合は、過去の株主にも配当するという規定を設ければいい。高い配当だけが目的の投機家たちは、取り分が減るので二の足を踏むでしょう。

リニアは米国では開発できない

東海旅客鉄道（JR東海）の葛西敬之名誉会長から聞いた印象深いエピソードがあります。

2000年にニューヨークで外国人株主向けに経営報告を行なった際、ある株主から質問が出たそうです。

「他の鉄道会社に比べて、短かい年数で新しい車両に交換してしまうのはなぜか？」確かに償却後の車両を使い続ければ、利益は増え、株主はより多くの配当を手にできます。会社は株主のものと信じるアメリカ人投資家からすれば当然の疑問でしょう。葛西さんは、胸を張ってこう答えたそうです。

「我が社は株主利益をもちろん大切にするが、それ以上に大切なものがある。乗客の安全です」

1964年の開業以来、東海道新幹線は乗客の死亡事故を一度も起こしていない。なぜそれが可能かと言えば、「乗客の安全のために必要だ」と現場が判断したすべてを叶えているからだ。経営陣は、「どこまでやれば安全なのか」は分からない。だからこそ「ここまでやってください」という現場の要求は、経営陣としてすべて受け入れる。車両の交換も、そうした判断に基づいている。利用者が「新幹線には絶対事故がない」と安心して乗ってくれるからこそ、会社は儲かって、給料も出せるし、株主配当も出せる。

そのように答えて、「そこを削れと言うんですか」と問いただしたところ、株主も引き下がらず、「会社は株主のものというのが原則でしょう。あなた、社長のくせにそんなことも知らないのか。失格じゃないか」と。

要するに、「株主の利益を最大にするために、事故を起こせとは言わないが、安全対策もやりすぎるな。地域社会に貢献する必要などない。お金を絞り出して、全部配当にして出せ」というのが株主資本主義の立場からの主張となります。

しかし、葛西さんは一歩も引きませんでした。

「顧客の安全について責任を持っているのは、株主ではない。従業員だ。だから従業員は大切だ」

すると、株主が怒って「社長、退陣だ！」と大声を上げれば、葛西さんも「会社の経営方針が納得できないのならば、株を売れ」と冷静に返答したそうです。

このように対応できるのは、本当に立派です。目先の利益を増やして株主への配当に回すより、乗客の安全と安心を優先するのが、ＪＲ東海の企業としてのポリシーです。この顧客重視の姿勢が揺るがないからこそ、新幹線の安全は保たれている。逆の見方をすれば、新幹線の安全性は、ＪＲ東海の株価に寄与しています。ひいては株主の利益にも繋がっている。そんな真っ当な理屈が、もはやアメリカの投資家には通じないのです。

リニアモーターカーは、１９６２年に研究が始まり、中央新幹線として東京・名古屋間が実用化されるのは２０２７年の予定です。60年以上に及ぶ、壮大なプロジェクトです。

つい数年前のことですが、葛西会長に渡米していただき、シリコンバレーで投資家の反応を聞いたところ、「そんな遠い将来までの投資を支えるキャッシュ（現金）を生み出しているのなら、それを全部配当にして出してくれ」と、まったく同じことを言われてしまいました。

中長期の計画的な投資がなければ、画期的な研究開発は不可能です。東レの炭素繊維やリニア新幹線といった、何十年もの時間と巨額の投資を必要とする技術は、株主資本主義に毒されたアメリカからはもう出てこない。逆に言えば、そこにこそ日本の強みは残されています。

残念ながら、最近では、米国流の株主資本主義の短期志向の影響で、日本の製造業の研究開発投資の割合も減少傾向にありますが、それでも、元来、日本企業は中長期を見据えた経営に長けていました。そうした日本の強みを自覚さえできれば、筋金入りの短期志向の米国企業よりも、日本企業は、中長期の研究開発投資を重視する経営にスムーズに再シフトできるはずです。

3章

アメリカでアメリカモデルの限界を知る

すべては鉄道から学んだ

私は、アメリカでアメリカ型ビジネスモデルの限界を身をもって知り、「公益資本主義」という考え方にたどり着いたのですが、その道筋を知っていただくために、この章では、個人史を少し述べさせていただきます。

もともと私は、考古学者を志していました。学生時代に中央アメリカ諸国を旅行して、ピラミッドを見たことがきっかけです。遺跡の発掘には、莫大な資金が必要です。簡単に言えば、その資金を稼ぐために、考古学研究を一時中断してアメリカへ行き、ビジネスを学んだのです。そして大学院在学中に、光ファイバー・ディスプレイ・システム・メーカーを創業し、事業化を通じて、米国流ビジネスの現場を経験させてもらいました。その後、ベンチャーキャピタリストとなり、アメリカを拠点にしながら、イギリスやイスラエルでも数多くの会社を興してきました。そうした経験を通じて、現在の考え方に至ったのですが、自分の原点を探るには、もう少し遡る必要があります。

結論を言えば、「公益資本主義」の原点を、私は父から学びました。すべては、父の鉄道好きから始まったのです。

それにしても、私の父、原信太郎は、本当に〝ケタ外れの鉄道マニア〟だったのです……。

鉄道模型が自宅を占拠

2012年7月、横浜駅東口の駅前に「原鉄道模型博物館」がオープンしました。古今東西の鉄道模型約1000両と写真や切符など膨大な関連グッズを展示しています。鉄道模型のつくり方を教える工房もあります。

一番の見どころは、世界最大級のジオラマです。普通の鉄道模型は真鍮でできていますが、このジオラマの鉄道模型は、現物と同じ鉄製で、32分の1サイズの車両が、鉄の車輪で、幅46ミリの鉄のレールの上を走ります。しかも電気は、架線からパンタグラフを通して流れています。本物の鉄道が街や自然の中を走るような、迫力ある音と情景です。鉄道発祥の地である横浜にふさわしい博物館だと自負しています。

展示してある車両も走っている車両も、私の父・原信太郎が趣味で手造りした1500両、世界から集めた4500両の中から選りすぐったものです。

産まれて最初に見たものが鉄道模型だったという記憶が、私には残っています。子どもの頃、家中を模型の鉄道が走り回っていたからです。父は、鉄道模型専用の部屋をつくったのですが、模型が次々に増えてしまい、居間も、日本間も、どんどん鉄道模型が占領していきます。食卓にまで模型を置くようになるので、母はこれを大切に片付けますが、また抱えてくるのです。庭にもレールを敷いて、本物の蒸気機関で走る模型までつくって、何台も走らせていました。

病膏肓に入るも、あそこまで行くと、ちょっとまともではありません。「鉄でできているから鉄道なんだ」と言って、車輪からパンタグラフ、レールまで、鉄を加工して手づくりするのです。旋盤やフライス盤といった必要な機械を揃え、時々、操作をしくじって怪我をして血だらけになりながら、機関車やレールづくりに熱中していました。会社から帰って食事を終えると、作業部屋に籠もって機関車づくり。夜中に部屋を覗いてみると機関車づくり。父の持てるすべての知識、経験、そして仕事以外のすべての時間をつぎ込んで、寝食を忘れて鉄道に打ち込んでいました。

それほど大切にしていた鉄道模型ですから、幼い私は触らせてもらえません。「子どもが触るもんじゃない！」と叱られるのです。

小学生になってようやくレール敷きを、中学生になると架線引きなどの雑用を手伝わせてもらい、鉄道模型や金属加工のことが少しずつ分かってくるのは、この上ない喜びでした。そして少しずつ電気系統や制御系も任されるようになりました。

勤め先の会社が大阪にあったので、大阪に住んでいましたが、根っからの東京人だった父は、関西弁もまったく使いません。

食べ物も変わっていて、牛肉しか食べません。野菜も魚も鶏肉も豚肉も嫌い。母は、健康に悪いからと野菜を食べさせようとするのですが、「牛は草を食べているんだから、肉は野菜でできてるんだ」という理屈でした。そして飲み物は、コカ・コーラだけ。それも毎日2リッターも飲むのです。

1995年頃のこと、サンフランシスコに住んでいた私の家へ父が遊びに来ていた時、たまたまコカ・コーラの副会長が食事にやって来たので、父が、「毎日1・5ガロン飲んでいる」と自慢すると、コカ・コーラの副会長は驚いて、「健康は大丈夫か？」と(笑)。

いくらなんでも飲み過ぎじゃないか、というわけです。しかし糖尿にも痛風にもならず、2014年に94歳で亡くなるまでずっと元気でした。

父から受け継いだ自立心

私は仕事で頻繁に海外に行く機会がありましたから、その度に、父のためにその国の鉄道の資料を集めました。

2008年頃、国連の政府間機関特命全権大使として、南アフリカを訪問した時のことです。父は1920～30年代頃に南アフリカで走っていた電気機関車がとても好きで、模型をつくろうとしていました。ところが白黒の写真しか残っていないので、何色を塗ればいいのか分かりません。頼まれて私が調べてみたところ、あまりに古いものなので、その機関車の資料は見つかりませんでした。古すぎて、当然、機関車は廃棄されています。ただし南アフリカには製鉄所がないからスクラップにはならず、汽車の墓場みたいな場所にそのまま置いてあるはずだ、ということだけは分かりました。

電話で父に報告すると、「おまえ、見て来い」と。仕事があるので土日しか使えない上に、汽車の墓場は国内に数カ所ある。2日で全部は回れない。「当たりを付けてから行ってみる」と話すと、「頼りないな」という父の一言。「そうは言うけど2日しかないので、場所を確かめてから行って、きちんと写真を撮ってきますから」と答えて、電話を切りました。

ところが、その週末、私のホテルに父がやって来ました。「頼りない返事をするから来た」と。そのとき88歳でしたが、たった1両の機関車の塗装の色を自分の目で確認するために、1人で飛行機に乗って日本から南アフリカまでやって来たのです。

一緒に探して、ようやく目当ての機関車を見つけました。さすがに写真を撮るのは私がやろうと思ったら、大変なことになりました。

「横に置いてある機関車の上に乗って、そこから撮れ」

「床に潜って下から撮れ」

最後までそんなふうです。

1919年に生まれた父は、幼稚舎から慶應育ちでしたが、大学は東京工業大学の機械工学科へ進みました。当時の慶應大学にはまだ工学部がなく、鉄道技術を学べなかったからです。

自分の模型鉄道に「シャングリラレール」という名前を付けたのは、1932年だったそうです。上海事変が起こり、満州国が建国された年です。日本は戦争に向かっているが、自分の鉄道模型の世界だけは、ソ連から中国、ヨーロッパ各国、アメリカまで、さまざまな国の車両がつながって走る平和な理想郷だ、という意味です。

東工大では自動車部を創設しました。そして、トヨタのエンジンとフォードのエンジンを比べてみたら、あまりの技術力の違いで、「アメリカと戦ったら必ず負ける」と確信したと言います。はっきりした証拠を元に「戦争反対」を口にしたのに、特高や憲兵から危険分子だと睨まれたようです。兵隊にとられたとき、学士なら少尉での入隊のはずが、そんな理由で二等兵でした。陸軍砲兵隊に配属され、大けがをして、傷痍軍人となりました。

徴兵前から、特高に捕まったら拷問を受けた上で殺されるかもしれない、と考えていたようで、白襟の襦袢に白足袋、つまり昔のお殿さまが切腹する時と同じ格好で過ごすようになり、そのまま一生を通しました。戦後もずっと着物でした。ところが、「鬼畜米英」とか「日本が負けたら自決する」と騒いでいた国の指導者の方は、敗戦でたちまち親米親英になり、政治家は「節操がない」と嫌っていました。

そういう父に、私は大変強い影響を受けたのです。中学校に入学したとき、新任でやって来た校長が、「規律を正すため」と称して男子生徒全員に丸刈りを命じました。私はどうしても嫌だったので、全校で最後の1人になるまで抵抗しました。

「こんな理不尽なことはおかしい」と憤る私に、父は言ったものです。

「学校の指示通りにする必要はない。ルールは学校が決めるのではなく、生徒たちでつくればいい」

その陰で母は、毎週のように学校から呼び出され、先生から厳しく注意されていたようです。これ以上、母に迷惑をかけるのはやめようと思って私が丸刈りにしたのは、1年生が終わった2学期の終業式の日でした。一度でも刈ってくれれば、学校は例外として再び髪を伸ばすのを許す、というのです。長い春休みのうちに髪は元に戻り、中学2年、3年と、ずっと丸刈りにすることはありませんでした。

「経営者の味方か？　労働者の味方か？」

以下の父の仕事に関することはすべて私が幼い頃に聞いたり、見たりしたことのおぼろげな記憶にもとづいており、不確かなこともあるのですが、父は戦後、事務用品メーカーにエンジニアとして勤めました。事務用品が産業としてある程度大きくなってきたところで、当時の通商産業省がＪＩＳ規格を制定します。お手本になったのは、ドイツのＤＩＮ規格です。しかし、背の高いドイツ人に合わせた基準にすれば、日本人には足がブラブラして床に着かない椅子になる。ところが、通産省の要請と言えば、絶対です。

当時、業界の事務用品メーカーは、政府と歩調を合わせたようですが、父の会社だけ、お上の命令に従わず新しい規格を受け入れませんでした。逆らったのは、担当部署の責任者だった父です。ついに通産省から、「どういうことか説明してもらいたい」と出頭命令書が届きました。父は返事を書きました。

「当社は本社が大阪にあります。御用があるなら大阪まで来られたし」

偉い役人を呼びつけたのです。そして工場へ行き、みんなの前で、「本日、我が社は通産省に宣戦布告」と説明したそうです。「我々の商品は、鉄やセメントと違って政府の認可は要らない。消費者が欲しいものをつくれば、必ず売れる」と言ったというエピソードもあります。それくらい独立自尊、独立独歩で、長いものにはまかれない人物でした。

1960年代の日本には、まだ冷房が普及していませんでした。関西電力がクーラーを発売した時、技術課長だった父はすぐに採用しました。普通なら、本社の社長室や役員室から入れるところ、父は反対を押し切り、真っ先に工場へ導入したのです。重役たちからは、「君は経営者の味方か？　それとも労働者の味方か？」と非難ごうごうだったようですが、「一番暑いところで働いているのは工員だ。本社の社員や役員は、扇風機があって涼しく仕事をしているのだから、クーラーなんかなくていい」という考えでした。

当時はいざなぎ景気で、工場は毎晩遅くまで残業です。私は小さい頃からよく工場へ連れて行かれましたが、こんなところでよく働けると思うくらいの蒸し暑さでした。クーラーを入れて涼しくなったあと、父は私を連れて行って、こう言いました。

「丈人、涼しいだろう。ここだったら快適に働けるだろう」

「お父さん、かわいそうだからこういうふうにしたの」と尋ねると、「暑いと、そして残業して夜遅くまで仕事をしていると、気が散漫になってケガをするんだよ。働いている人にはみんなお前みたいな子どもたちがいるのだから、仕事でケガをしないようにするのが、会社にとって一番大事なんだ」と答えてくれました。

そして、こう続けました。

「工場で働いている人たちだけでなく、会社にとってもありがたいのだ。暑いから汗がぽとぽとと落ちると、帳簿だとかノートブックは不良品で使えなくなってしまう。だから、涼しくて働きやすい環境をつくると、会社も儲けさせてもらえる。経営者にとっても社員にとっても、幸せにつながる」

もしかしたらこのときの鮮明な記憶が、「公益資本主義」の原点となったのかもしれません。社用車にクーラーを導入するときも、役員専用車より配送用のトラックを先にしたそうです。

鉄道が世界の広さを教えてくれた

父は小学生のときから英語を学び、中学と高校でドイツ語、フランス語、スペイン語、イタリア語を習得。大学入学前にはロシア語も身につけていたそうです。すべて、海外の鉄道について知るためです。だから我が家では、英語、フランス語、イタリア語、ドイツ語、スペイン語、ロシア語の鉄道雑誌を購読していました。毎週、送られてくるそれらの雑誌に、私もパラパラと目を通していました。

中学校に入って英語を習った時、「これであの雑誌を読めるかな」と思ったのですが、まったく読めません。そのとき初めて、「フランス語やスペイン語は英語と違う。世界にはいろいろな言葉があるんだ」ということを知ったのです。

いつも一緒に入っていた風呂の中でそんな話をすると、1から100までドイツ語で言わなければ風呂から出してもらえないようになりました。ドイツ語で全部言えるようになったら、今度はフランス語。その次はイタリア語をやれと。

父から教わったのは受験勉強とはまったく関係のない、いわゆる教養です。しかし、好奇心をかき立てるようなことをいっぱい教えてくれました。中学3年のときには、「高校に合格したら、ヨーロッパへ行かせてやる」と言われました。

ただし父らしい条件があって、「各国語の時刻表の読み方をマスターしたら」。

その試験は次のようなものでした。

ヨーロッパの鉄道時刻表を渡され、「ドイツのハンブルクからポルトガルのリスボンまで、どういう乗り継ぎで行くと一番早いか」と訊かれるのです。しかも、ストップウォッチを片手に「3分以内で探せ」。

英語で「アントワープ」と読む駅は、フランス語だと「アンヴェルス」、フラマン語では「アントウェルペン」。その3つを覚えなければ、ヨーロッパの時刻表は読めません。「ジュネーヴ」も、ドイツ語読みは「ゲンフ」で、ドイツの地図には「ゲンフ」しか出ていません。

興味をもって調べていくと、スペインとポルトガルには1時間の時差があって、私の考えた乗り継ぎ方では乗りたい列車に遅れてしまうと分かりました。初めはうまく答えられずに怒られてばかりでしたが、「世界は広くて時差がある」ということも、そうやって学びました。

ピラミッドと出会い、鉄道から考古学へ

すっかり鉄道少年に育った私は、高校や大学の夏休みには海外へ鉄道旅行に出かけるようになりました。蒸気機関車を追いかけて初めて中央アメリカへ行ったのは、1972年の春。慶應大学法学部3年生のときです。

アメリカ合衆国の鉄道は1950年代にディーゼル化され、それまで使われていた蒸気機関車はメキシコへ輸出されました。そのメキシコも70年代にはディーゼル化が終わったので、機関車はもっと南のグアテマラや英国領ホンジュラス、エルサルバドル、ニカラグアという中米の国々へ渡っただろうと推測したのです。しかし、確かな情報はありません。どう調べても分からないので、行ってみるしかありませんでした。

この中米への旅が、私の人生の転機となりました。エルサルバドルを旅行中、タスマルとサンアンドレスという遺跡にピラミッドがあることを知り、見に行ったのです。ピラミッドはエジプトだけと思っていた私には、大きな驚きでした。その形が、エジプトの四角錐と違って台形だったことも新鮮でした。

「いつ誰が何のために、どうやってつくったのか」という疑問が頭から離れず、帰国後、

この地域の文明に関する文献を手当たり次第に読みました。そして「考古学こそ、自分の一生の仕事だ」という思いに至ったのです。

以来、スペイン語の勉強とマヤ文明の研究に没頭しました。専門は、マヤ文明をつくったインディオの移動経路の研究です。インディオがウスマシンタ川という川沿いに来たのか、テワンテペク地峡という地峡を通ってきたのか。各インディオの民族が身につけていたものや、信仰神のしるしが埋葬されているお墓を探して歩き回ったのです。

調査と探検は、実に楽しいものでした。ジャングルの奥地へ入るので、毒ヘビに毒グモ、マラリアや黄熱病などの熱帯感染症、ゲリラなどの危険とは常に隣り合わせです。そうした危険から身を守る能力も身につけ、後に経営者になったときの意思決定力や胆力を鍛える訓練にもなりました。

初めてのビジネスは中米旅行の企画

大学卒業後は、考古学の仕事を探そうと思いましたが、なかなか見つかりません。そんなとき、エルサルバドルのベネケ外務大臣と知り合いになり、日本から若い旅行者を誘致する手伝いを買って出ました。

ベネケさんは、駐日大使や教育大臣も経験した政治家で、自国エルサルバドルのことを「中央アメリカの日本」と呼ぶような大の日本好きでした。大手旅行会社に、エルサルバドルへ学生を連れて行くツアーを企画してもらおうとして断られているようなので、私は意気に感じて手伝おうと思ったのです。

しかし、エルサルバドルだけに行く旅行を企画しても、学生はそれほど集まるはずがありません。そこで考えたのです。

大学生協で学生に人気の海外旅行の行き先を調べてみると、ディズニーランドのあるアメリカ西海岸だと分かりました。エルサルバドルへの直行便はないので、サンフランシスコかロサンゼルスで乗り継がなければいけません。とすれば、ついでにディズニーランドに立ち寄ることが可能です。旅行プランは「中央アメリカとマヤ遺跡5週間」というツアーですが、ディズニーランドも含む日程だと強調してセールスすれば売れると思ったわけです。

これで商品づくりは完璧です。しかし旅行代理店はどこも主催してくれません。7月に出発するツアーを4月半ば過ぎに企画しても遅すぎる、というのです。

そこで自分で主催者となろうと決めますが、旅行代理店の経営者から、「一般旅行業務取扱主任者」の国家資格がないと、旅行業は始められない、と告げられます。すぐに書店に直行して、国家資格参考書を読み、「これなら合格できる！」と自信は持てたものの、試験を受けて合格してから募集したのでは、とても間に合いません。

そこで妙案を考えました。大使館の敷地と建物は「治外法権」なので、そこで事業を始めても法律に触れないだろう、と思ったのです。

次の課題はパンフレットです。お金がないのでデザインは自前。印刷は慶應OBの飯島さんという方が社長をされていた第一製版という会社を訪ねました。苦しい台所事情を打ち明け、安くつくってくれるようにお願いしました。

素晴らしいパンフレットもでき上がり、飯島社長から請求書の入った封筒を渡されました。受け取って帰ろうとすると、「君、そこで開けてみてごらん」と言われ、恐る恐る封筒を開けると、中に入っていた紙には「請求額0円」と。

「君が一生懸命やっているのは、痛いほどわかる。先輩として君の力になろう。私のように応援する人たちがいる、ということを肝に銘じて、全力を尽くしなさい。頑張れ」

飯島社長は、そう励ましてくれたのです。ツアーには80人以上が参加し、大成功に終わりました。

これが、私にとって初めてのビジネス経験でした。「やる」と決めたら責任をもって最後までやり遂げ、困難にぶつかったら徹底的に考えることの大切さを学びました。

考古学の資金稼ぎのためにアメリカへ

将来の道は2つありました。大学院へ行って考古学の博士号を取り、研究者として生きるか。ビジネスをしながら、趣味で考古学を続けるか。いずれにせよ、考古学の発掘調査には膨大な資金が必要です。しかし私の年収は、わずか60万円。

私は、トロイアの遺跡を発見した19世紀ドイツの考古学者シュリーマンに憧れていました。発掘調査費の調達のため、貿易などの事業で自ら稼ぎ、誰の援助や指図も受けることなく研究に没頭したからです。27歳までは考古学の研究をしていましたが、シュリーマンを見習って自立して生きようと思い、１９７９年にアメリカへ行きました。発掘の資金稼ぎと、そのための英語の勉強が目的です。中米はスペイン語ですが、ビジネスをやるからには英語が必要です。

いまでもそうなのですが、私は日本語以外の語学が本当に嫌いです。だから英語を習うだけの語学学校は、我慢できない場所だと分かっていました。そこで英語学校の代わりに、ビジネススクールへ行くことにしました。カリフォルニア州にあるスタンフォード大学のビジネススクール（経営学大学院）を選んだのは、それまで暮らしていたエルサルバドルと同じように暖かい気候で、スペイン語を話すヒスパニック系が多い地域だったからです。校舎がスペイン風なところも気に入りました。

当初から、2年間で全部やろうと決めていました。2年間で英語を身につけ、ビジネスのやり方も勉強し、事業を開始しよう、という計画です。

同級生には、後にマイクロソフト社のCEOになるスティーブ・バルマーや、サン・マイクロシステムズを創業するスコット・マクニーリーがいました。アップル社のスティーブ・ジョブズとも、ずいぶん交流がありました。テクノロジーを追求する血気盛んな連中です。こちらはまったく畑違いの考古学から来ているわけですが、彼らからも大きな刺激を受けました。

考古学からベンチャーキャピタルへ

スタンフォード大学ビジネススクールの課題研究は、「事業計画書」の作成でした。卒業単位と成績のために書く大半の学生たちと、私は意気込みが違います。その計画書を元に本気で会社を興し、考古学の研究資金を稼ぐ、という具体的な目標があったからです。

目をつけたのは光ファイバーです。父の鉄道模型のライトは豆電球でした。1つの車両に20個の豆電球があると、1カ月に1個は切れます。それを交換するのは私の役目で、面倒だし効率が悪い。しかし、これも光ファイバーを使えば解決すると思いついたのがきっかけです。

私の「事業計画書」は、光ファイバーを大型ディスプレイに使うシステムの開発メーカーでした。当時、大型モニターの画面表示をしようとしても、液晶ディスプレイも、プラズマディスプレイも、有機EL(エレクトロルミネセンス)ディスプレイも、研究途上の段階でした。これらの技術を用いた画面表示が実現できても、あまりに費用がかかり、画面の大きさもせいぜい50インチ程度で、タイムズ・スクエアにあるような大型のディスプレイは、とうてい不可能でした。この点、光ファイバー・ディスプレイ・システムは、小型、中型、大型、超大型と容易に大きさを変えられます。

たとえば街頭広告などに使われていた大型ディスプレイは、我が家の鉄道模型と同じように何千個もの電球を使っていましたが、光ファイバーを使えば、電球を交換する手間やコストがかからないし、電気代も節約できます。

ところが、計画書に沿って実際に資本金60万円を用意し、社長は自分と決めたところで、行き詰まってしまいました。エンジニアリングの担当者がいなかったのです。スタンフォード大学卒業生の年収は800万円が相場でしたから、彼らはとても雇えません。そこで、勉強して自分自身がエンジニアになるしかありませんでした。

光ファイバーは先端技術ですから、材料工学、電子工学、光工学を知っておく必要があります。そこで、工学部大学院で学ぼうと決めました。工学部では数学や物理を改めて勉強する必要があるので、勉強の期間をつくるため国連のフェローになりました。ニューヨークで国連に勤務しながら余った時間で勉強を続け、スタンフォード大学の工学部大学院へ移籍しました。

相当な遠回りで、いま考えれば無謀な挑戦ですが、20代だからこそできたことです。工学部大学院では、光ファイバーの大型ディスプレイを実現する研究だけでなく、工場経営を視野に入れて製造技術や管理工学も学びました。ゼネラルモーターズ（GM）のフリモント工場での製造現場の実習にも通いました。

そして大学院在学中の81年、ついにジーキー・ファイバーオプティクス社を設立しました。本社は私の住んでいる寮で、冷蔵庫が材料の保管庫です。手がけたのは、100メートル×30メートルという超大型ディスプレイ。これを必要とするのは広告業界だろうと見当をつけ、ニューヨークのマディソン街に集中している広告代理店へ売り込みに歩きました。

ところが、この新技術は関心こそ示してもらえたものの、何十社回っても受注はゼロ。創業資金は底をつき、従業員は辞めていき、倒産はもはや目前でした。

ディズニーへの飛び込み営業で信用を得る

困り果て、最後の望みを託して営業に行ったのが、ウォルト・ディズニー・プロダクションです。ヒューレット・パッカードの創業者の自伝を読んだら、「ディズニーランドは夢のある世界をつくり出すために、新しいテクノロジーを積極的に取り入れている」と書いてあったからです。

飛行機代を節約するため、シリコンバレーから車で5時間かけてロサンゼルスへ行き、ディズニーランドのバーバンク開発センターでプレゼンを行ないました。具体的な質問が続出して議論は白熱し、私は考古学への思いや自分の経歴まで語りました。

「面白い。次はいつ来るんだい？」と興味を示してくれたのは、ビル・ノビー副社長です。

2回目に行くと、「あなたの会社の弱点は何か」と訊かれました。受注を目指す以上「弱点などありません」と答えるべきでしょうが、私は包み隠さずに言いました。

「資金のなさです」

結果的に、その正直さがよかったのかもしれません。ミッキーマウスやドナルドダックなどのキャラクターを映し出す大型スクリーンや、屋内で打ち上げ花火の効果を出すための装置をつくる仕事をくれたからです。実に、1000万円を超える受注です。

飛び上がらんばかりに喜び、シリコンバレーに帰りついてから、我に返って気づきました。注文が大きすぎて、材料を買う資金が足りないのです。翌日、再び5時間ハンドルを握ってロサンゼルスへ戻り、預金通帳を見せながら頭を下げました。

「手持ち資金で賄える範囲の注文量に減らしてほしい」

「しばらく待っていなさい」

驚いた表情で出て行ったノビー副社長は、数時間後に戻ってくると、「前金として3分の1を払う」と言って、小切手を差し出します。

「私が持ち逃げしたらどうするのですか」と訊ねると、「何千という業者を見てきたが、君は私を騙すような人間ではない。目を見ればわかる。つまらないことを考えてないで、早く帰って仕事をしなさい」

帰り道、運転しながら何度もこみ上げてくるものがありました。その信頼に応えなければいけません。連日早朝から深夜まで懸命に働き、納期の1週間前に商品を仕上げました。レンタルトラックに積み込み、また自分で5時間運転して届けると、今度は向こうが驚いて、「先端技術を扱った製品で納期に間に合った業者は、あなたたちだけだ。品質もいい。よし、倍の注文を出そう」と。

これを2、3回繰り返し、やがてフロリダ・ディズニーワールドの未来都市「エプコットセンター（現エプコット）」の仕事を受注し、東京ディズニーランド開園の際には技術顧問を任されました。

ディズニーが大口のお客さんになってくれたおかげで、会社の信用も高まりました。他社の仕事も入るようになり、事業は大成功して、従業員50人規模の会社に成長しました。

また物理学雑誌の『スペクトラム・フィジックス』誌に掲載された論文や記事を見て、スペリー・ランド・ユニバック社からも、コンピュータ用光ファイバーディスプレイ装置を受注し、大きな成果をあげることができました。

さらには、血管へ光ファイバーを入れ、光の反射信号を感知して計算し、血中糖濃度などを分析する医療機器分野へも進出しました。そのため、日本や韓国に委託製造システムをつくり、工場をもたない製造メーカーとなりました。

この会社で得た自己資金を元に、84年にベンチャーキャピタルのデフタ・パートナーズを立ち上げ、翌年にはアライアンス・フォーラム財団を設立しました。ベンチャーキャピタリストとして、私は第一歩を踏み出したのです。

遺跡発掘とベンチャーキャピタルの共通点

ベンチャーキャピタルという存在を知ったのは、スタンフォード時代です。キャンパスへ来ていたスティーブ・ジョブズなどの若い創業者が、事業資金をどう調達しているのか不思議に思っていたところ、大きなビジョンと最先端技術を持っている若者に、資金を投資する仕事があることを知ったのです。これが、ベンチャーキャピタルです。

誰も価値に気づいていない新しい技術を発掘し、ゼロから育てていく仕事は、価値がないと思われている遺跡から過去の遺物を発掘し、人類の遺産として残す仕事と同じだ。まさに、私にうってつけの仕事ではないか。これが、私がベンチャーキャピタリストになった原点です。

ベンチャーキャピタリストとして、アメリカ、イギリス、イスラエルなどを拠点に、これまでさまざまな事業に出資したり、さまざまな企業の経営に参加してきました。ソフトウエア、半導体、通信、バイオ、ライフサイエンスなど、業種はさまざまですが、他人から預かった資金ではないので、自分の哲学に基づいて自由に投資ができます。

たとえば、「考古学に役立つ技術をつくる会社を育てる」という私の原点は揺るぎません。だから、考古学に関係しないゲームやIT関係の会社には投資しません。私自身が「こんな社会にしたい」と願う理想やビジョンに合致しない会社にも、一切投資するつもりはありません。

私は、とくに世界でまだ誰もやっていない事業を支援することに大きな喜びを感じています。その分、うまくいく保証はどこにもありません。成功例もありますが、実は失敗する方が多い。新製品ができても売れなかったり、技術が思い通りに完成しないことは、いつでも起こります。前提となる科学的理論がそもそも間違っていたことに後から気づくこともある。

こうした条件をすべてクリアできることを確信してから事業を始めるのが、大企業の流儀ですが、私はその前にスタートします。だからうまくいかないケースの方が多いのです。

10の事業を手がけたとすれば、6から7は潰れます。テクノロジーに関しては、5年に1度ぐらいは何百億円や千何百億円という投資をせずに新しい技術革新はできません。しかし100%の成功はありません。それだけリスクが高く、またそこやりがいがあるのです。

このように言えば、まるでギャンブルのようですが、ギャンブルと私の事業の違いは、潰れた会社も含めて誠心誠意、絶対に成功させようと一生懸命にやっていることです。10社投資すれば、1社は成功するので、全体としては儲かる、といった確率論的な投資をするわけでもありません。出資を決めたら、創業者とともに、「技術で世界を変えよう」と一緒に困難を乗り越えていきます。だからどの会社も自分のヒストリーになり、ひとつひとつそこから学ぶことができ、次の経験に活かすことができます。そして失敗しても、その中から人材は育つのです。

ベンチャーキャピタルの存在意義――新しいものを産みだす

1980年代の半ば、私は日本にも拠点をつくって投資を行なおうとしました。しかし、うまくいきませんでした。当時はバブルの真っただ中で、資金があれば土地へ注ぎ込み、即座に回収するのが当たり前。中長期的な視点で技術や産業や人材を育てる私のビジネスモデルは、誰にも理解してもらえなかったのです。

そもそも「ベンチャーキャピタリスト」と書いた名刺を差し出すと、ほとんどの人が不思議そうな顔をするだけでした。確かに、個々の単語を組み合わせれば「冒険＋資本家」。正しい日本語訳は何か、いまでも迷います。「将来性のある企業を育成する事業家」とでもすべきでしょうか。

私は、ベンチャーキャピタルを「新規事業を起こす事業持ち株会社」と位置付けるのが正確ではないかと考えています。新しい技術の価値を見極め、出資を行なうだけでなく、資本政策や人事、営業活動の支援にまで携わるからです。

いくつもの会社に出資して経営に関わるうち、強く感じるようになったのは、お金を稼ぐだけの事業には、意味も、面白味もない、ということです。儲かれば事業内容は問わないベンチャーキャピタリストは、アメリカにたくさんいます。しかし私は、株式を公開したり、企業同士を合併させたり、というキャピタルゲインに、喜びを感じることはできません。困難な事業を成し遂げるために、力を合わせて苦労して開発した新しい技術が社会に貢献している、と実感できたとき、大きなやりがいを感じるのです。

ベンチャーキャピタルが、資本主義的な金儲けの仕組みであることは確かです。しかし、事業を成功させて利益を上げることと、社会に貢献することは、互いに密接に結びついている必要があります。アイディアや技術はあるのに資金をもたない人たちにチャンスを与え、社会に大きな影響を及ぼしていくことは、ダイナミックで面白い仕事です。

シリコンバレーのベンチャーキャピタルは、「何業か?」と聞かれたら、「研究開発型製造業」と答えます。科学や技術を事業化し、無から有を創る仕事は、まさにメーカーです。ただ、技術だけを製品化するのではなく、「モノ」を「コト」化することで、技術が世界や人類をどう変えていくのかといったエコシステムまで発想し、実現する点は、通常のメーカーと異なります。

レーガン政権で始まった株主資本主義

株主の立場を高めて配当を増やせという流れがアメリカで始まったのは、レーガン政権の1980年代です。市場原理重視、規制緩和、富裕層への減税といったレーガノミクスの下で、「会社が利益を出すのに最も確実なのは、労働者の給与を抑えることだ」という風潮が強くなりました。給与を抑えれば、相対的に医療費や住宅費や教育費が高くなります。どの家庭もお金が足りなくなり、共働きが増えました。働く人の数が増えれば、給料は低くなっても全体のパイは大きくなります。

アメリカにおける女性の社会進出は、かつて流行したウーマンリブの流れでもなければ、いま日本人が唱えている男女共同参画のような意図で進んだものでもありません。株主利益の追求のため、家庭に入っていた女性が労働市場へ引っ張り出された、というのが実態です。その陰では、女性の社会進出を主張する社会運動家に、ウォールストリートから活動資金が流れていました。

同じことは、1970年代にもありました。中東の油田に利権を持つ石油メジャーが、アメリカ国内の油田開発が進んで原油価格が下がるのを恐れて、ラルフ・ネーダーなどの社会運動家を動かしたのです。環境問題を前面に打ち出し、国内の油田を掘らせないように働きかけたのです。すると、国内石油会社の株価が下がります。メジャーはそこを狙って買収し、独占状態をつくった段階でラルフ・ネーダーらを追い出しました。

環境保護団体やNPOは、「本気でやっている人」と「本気でやってはいるけれど実際には誰かに使われている人」と「初めから誰かに使われるためにやっている人」の3種類がいます。

アメリカでは女性の社会進出が進んでいると信じている日本人は多いようで、政府の男女共同参画事業の関係者から私もいろいろ聞かれます。しかし、少なくともアメリカでは、「株主利益のための男性労働者の給与抑制」を「女性の社会進出」という言葉で美化したのが80年代の実態でした。

もちろん、労働人口が減少する日本では、女性や高齢者にも適材適所で働いてもらった方がいい。けれどもアメリカは、移民で若年人口が増えている国なのです。

1980年代には賞まで創設して、アメリカ政府は女性を総動員して働かせることを推奨しました。しかし給料の伸び率に比べ、医療費や教育費や住宅費の伸び率の方が圧倒的に高い。そこで1990年代からは、オーバータイム（残業）が称賛されるようになりました。それでもお金が足りないので、2000年代には借金が推奨されました。住宅を担保にして、お金を借りなさいというのです。それが破裂したのが、2008年のリーマン・ショックです。預金も住宅も失った人々が怒り、大統領選でのトランプの勝利につながったのです。

シリコンバレーに真のベンチャーはいなくなった

１９８０年代から21世紀の初頭まで、新しい基幹産業となって世界を牽引したのは、シリコンバレーに象徴されるＩＴ産業です。その創業者たちはみな若く、アイディアや技術やビジョンはあっても、事業化するための資金だけはありませんでした。

銀行など既存の金融機関はリスクを嫌うので、海のものとも山のものとも判断のつかない事業には、なかなか融資をしません。しかも当時のアメリカの銀行は、瀕死の状態に陥っていました。主に開発途上国への融資が焦げ付いたためで、ベンチャー産業を育てる余裕などなかったのです。

そこで大いに活躍したのが、ベンチャーキャピタルです。ソフトウエア、通信技術、バイオテクノロジーという3つの産業に集まった優秀な若者を援助しました。新しい技術を的確に見抜き、長期間にわたる新技術の開発と事業化を辛抱強く支援したのです。

ところがその後、シリコンバレーは新しい技術や産業を生み出す力を急速に失います。皮肉なことに、ベンチャーキャピタルが肥大化しすぎたことがその原因でした。

１９９０年当時、アメリカのベンチャー企業に入ってくる資金は４０００億円程度でした。それがたちまち１兆円に達し、２０００年には10兆円を突破しました。１人のベンチャーキャピタリストが責任をもってスタートアップのベンチャービジネスをマネージメントできるのは、35億円程度、多くても50億円程度です。集まり過ぎた残りの資金は、資産運用のファンドマネージャーや経営コンサルタントが運用を担当することになりますが、彼らの関心は、新しい技術や産業の育成ではなく、最大のリターンを最短で得ることにしかありません。

こうして多くのベンチャーキャピタルは、本来の目的を見失い、未公開株式の投資ファンドのような存在に変質してしまったのです。投資するか否かの判断基準は、「安全かどうか」。リスクを引き受けるのではなく、分散させる手法ばかり流行しています。生まれたてのベンチャー企業は、限りある資本や人材を集中投下する方が効果的です。リスクの分散は、兵站が伸びきった軍隊のようなもので、むしろリスクの拡大につながります。こうして現在のシリコンバレーは、アプリ開発の疑似ベンチャーばかりになりました。新しい技術の芽は、もはや生まれなくなってしまったのです。

ベンチャーキャピタルは、もはや「ベンチャー」とは呼べません。中長期的な視点に立ってリスクをとる投資をしないのでは、単なる「金融業」です。

アメリカ型に代わる新しい資本主義

アメリカでは、革新的な技術を事業化できるような既存の企業も、ベンチャーも、生まれにくくなっています。経済の規模は大きくなっても、貧富の格差が広がり、社会の雰囲気や人々の気持ちが変化してしまったのです。私が初めて米国を訪れた1971年頃は、日本とは比べようもないくらい、豊かで、大きくて大らかな国だと感じましたが、いまでは考えられないことです。国は豊かになっても、人の心はずいぶん貧しくなった気がします。

こうしたアメリカ社会の変化は、アメリカ型ビジネスモデルにこそ原因がある――ベンチャーキャピタリストとして働きながら、徐々にそう感じるようになりましたが、今ではそう確信しています。

貧富の差が激しい二極分化した社会ではなく、豊かな中間層が存在する社会こそ望ましいのです。そのような、誰もが暮らしやすい平和で安定した社会を築くために、アメリカ型の資本主義の形を壊して、再構築しなければなりません。

株主資本主義や金融資本主義に代わる新しい資本主義こそ、公益資本主義です。

2016年、イギリスが国民投票でEU離脱を決め、アメリカ大統領選ではトランプが当選しました。大方の予想を裏切る結果でしたが、その背後には、生活に対する一般大衆の不満や不信があります。これは、富裕層がより豊かになり、中間層は貧困層に転落し、産業を衰退させ、給与を低下させ、雇用を減少させる英米型資本主義のゼロサムゲームの帰結だったのです。

そうした英米型株主資本主義でもなく、中国型の国家資本主義でもない、新しい資本主義を、日本が今こそ提示するべきなのです。雇用と実質所得を増やし、税率を下げても歳入が増え、誰もが幸せになれる公益資本主義が求められています。

といっても、まったく未知の経済原理を導入しようというのではありません。むしろ、資本主義の原点に立ち戻ろうというのです。それは日本人の感覚からすると、ごく当たり前だと思われるかもしれません。松下幸之助、本田宗一郎、井深大といった経営の先達が唱え、築き上げてきた「日本型経営」に通じる理念と手法だからです。良貨が悪貨に駆逐されるごとく時代遅れ扱いされてきた「日本型経営」を取り戻し、さらに磨きをかけたものが公益資本主義です。

公益資本主義は、日本の文化や伝統に合った資本主義のあり方でもあり、日本が率先して公益資本主義を実践し、これを21世紀型の資本主義のモデルとして世界に提示すべきなのです。

4章　公益資本主義とは？

私が代表を務めるアライアンス・フォーラム財団は、「ポスト資本主義はどうあるべきか」という問題意識から、2007年に公益資本主義研究部門をつくり、私自身が研究部門長となりました。米国のハーバード、コロンビア、ノースカロライナなどの大学から経済学者などの英知を集め、世界中の研究者とネットワークを組み、株主資本主義が経済合理性の観点からいかに間違っているかを実証的に証明する研究を続けてきたのです。

株主の利益だけを追求するのではなく、より多くの人々を幸せにし、地域社会に貢献し、経済全体を持続的に成長させる方法を模索しながら、辿りついたのが「公益資本主義」です。この考えに賛同する人々の輪は確実に広がってきています。

ここで改めて定義すれば、公益資本主義とは「企業の事業を通じて、公益に貢献すること」です。より具体的に言えば、「企業の事業を通じて、その企業に関係する経営者、従業員、仕入れ先、顧客、株主、地域社会、環境、そして地球全体に貢献する」ような企業や資本主義のあり方です。

ただし、「公益」と言うと、利益を追求するのが悪いことのように思われるかもしれませんが、そうではありません。その逆です。企業を支えるすべての関係者に貢献するため、大いに稼ぐ必要があるのです。

「売り手よし、買い手よし、世間よし」を重んじてきた日本型経営

ひとつの企業の関係者のことを、最近は「ステークホルダー」と呼びます。株主、従業員、取引先、顧客のことですが、日本語にすれば「利害関係者」です。ただし「利害」という言葉は対立概念を含むので、私には違和感があり、企業に所属する人から地球環境までのすべてを「企業を支える仲間」と捉え、「社中」と呼びたいと思います。英語なら「カンパニー（仲間）」です。

皮肉な話ですが、私が日本の資本主義の独特の歩みとその貴重さを実感するようになったのは、海外でビジネスを行なってからです。日本人がなんとなく当たり前だと思っていたことが、海外では当たり前ではないどころか、稀有なのです。

昔から日本では、「売り手よし、買い手よし、世間よし」のいわゆる「三方よし」を重んじてきました。売り手である自分、買い手である客はもちろん、世の中にも貢献できてこそ、初めて「良い商売だ」というわけです。裏返せば、どれか一つでも欠けたら良い商売ではない。元は江戸時代の近江商人の心得だそうですから、「ウィン・ウィン（win-win）」という言葉が用いられる遥か以前から、日本人はこの理念を唱えてきたわけです。

冒頭でも触れたように、アメリカン航空は経営危機の際、社員の給料を340億円削減し、経営陣はそのコストカットの功績として200億円のボーナスを得ました。日本であれば、従業員に給料カットを強いる経営陣は、従業員に強いた額よりも多額の報酬を自主的に返上し、株主への配当は無配とするのが普通です。「事業を通じて世の中に貢献することこそ、会社の存在理由」という考え方は、日本の多くの経営者たちの信念だったのです。ところがバブル崩壊後、そんな考え方は時代遅れのように扱われ、効率ばかり求めるアメリカ型の株主資本主義がもてはやされるようになりました。

公益資本主義は、経済よりも倫理を優先するわけではありません。むしろ株主資本主義よりも経済的に優れているのです。企業の持続的成長を喚起する公益資本主義の方が、長い目で見ればはるかに儲かる、ということです。企業が儲かれば、株主も儲かり、経済の合理性に適っています。私はこのことを、ウォールストリートの人たちにも話していて、公益資本主義を理論的に確立できた暁には、ウォールストリートと共同で「公益資本主義インデックス（指標）」をつくろうと考えているほどです。そのインデックスを満たした企業の株価が上がれば、まさに論より証拠となります。

我々は資本主義の原点である日本的経営に立ち返り、これをさらに高めて日本発の「新しい資本主義」として、「公益資本主義」を世界に広めていくべきなのです。

公益資本主義の「三本の矢」

持続的な経済成長を促すのが、公益資本主義です。会社は社会の公器であり、事業を通じて社会に新たな価値をもたらし、そうした社会への貢献を通じて、個々の会社も持続的に発展できる、という考え方です。

そのため、公益資本主義は、より具体的には、次の3つを重視します。

①中長期投資――持続的成長を支えるために、中長期的な投資を行なう。経営陣は、短期の利益を求めつつも、中長期的な課題にバランスよく取り組む。

②社中分配――会社があげた利益を、株主だけでなく、会社を支える社中各員に公平に分配する。こうすることで社会の格差を是正し、貧困層を減らし、層の厚い中間層をつくる。

③企業家精神による改良改善――リスクをとって果敢に新しい事業に挑戦し、常に改良改善に努める。今後はとくにテクノロジー・ベンチャーと新しい技術を活用したサービ

ス・ベンチャーを興すエコシステムが必要になるので、本業で利益を上げながらも、リスクを取って新しい事業にチャレンジする。

この3つが公益資本主義の、いわば「三本の矢」です。

私が会長代理を務めた経済財政諮問会議の「目指すべき市場経済システムに関する専門調査会」（会長は小林喜光・三菱ケミカルホールディングス社長〈現会長〉）は、この内容を報告書にまとめ、安倍総理、麻生太郎財務大臣、甘利明経済再生担当大臣（当時）も臨席の下、2013年11月1日に決議しました。「会社は従業員、経営陣、顧客、株主、地域社会、地球全体すべてのものである」という定義を政府として採択したのは、世界初のことです。

その後も私は、内閣官房未来投資会議、構造改革徹底推進会合、自民党国家戦略本部、参議院自民党政策審議会などに招かれるたび、同じ持論を説いています。

新しい企業価値の3つの指標

公益資本主義は、次の3つの指標で企業の価値を測ります。

①富の分配における公平性

企業が事業によって得た富を、どのように分配しているかを示す指標です。株主と経営陣が利益を独占する株主資本主義と異なり、公益資本主義の下では、すべての「社中」に公平に分配しなければなりません。

会社が儲かり、経営者は裕福になっているのに、従業員の給料は上がらず、雇用も維持されなければ、従業員のモラルや参加意欲が下がるのも当然です。そんな企業は力を失い、成長も望めません。長期的に見れば、不満や嫉妬を生まない公平な経営の方が、創造性を発揮でき、将来性をもつのです。

統計上は経済成長を続けているアメリカでは、格差が拡大しています。「ＣＥＯと一般社員の年収の差はおよそ６００倍だ」と労働組合は主張し、経営陣は「そんなに開いていない。１６２倍だ」などという言い合いをしています。

いずれにせよ、１９８０年代までは、年収差は30倍程度でした。この30年間に格差が拡大したことは間違いありません。日本では、両者の年収差は10～15倍程度ですから、大きな違いです。

平均的なアメリカ人の年収は、350万円程度にまで下がっています。「アメリカンドリーム」という言葉に代表されるかつてのアメリカ社会は、もはや見る影もありません。株主に低所得の白人労働者たちのこうした不満が、トランプ大統領を誕生させたのです。

②経営の持続性

「会社は株主のもの」という考え方は、短期の利益や株価上昇ばかりを追求します。内部留保を取り崩し、短期志向の研究開発費を増やすことはあっても、中長期の研究開発費を圧縮し、人件費を削って無理に利益を出させ、配当として吐き出すことを求めます。さらには、企業経営者に自社株買いを要求して、人為的に株価の上昇を狙います。

利益の100%を越えるような株主還元は、米国企業でよく見られます。先に見たように、「株主配当と自社株買いの合計額」が「株主への還元額」ですが、純利益の100%を越えるような株主還元を繰り返せば、やがて企業は体力を失い、持続的な成長などとてもできません。日本でも、2014年のことですが、アマダが利益の100%を株主に還元した、というニュースが流れましたが、こんなやり方で企業が存続できるわけがありません。アメリカのベンチャー企業も、アクティビストやヘッジファンドの餌食となり、企業寿命が短かくなっています。

松下幸之助の「ダム経営」と同じように、自然災害や金融危機など、突然の危機が生じても、従業員や会社を守れるだけの内部留保や流動性資産を持っておくことは、企業にとって極めて重要なことです。これを実行するとＲＯＥを下げることになりますが、ＲＯＥより遥かに大切な「経営の持続性」を増強できるからです。

経営陣と従業員が長期的なビジョンや目標を共有している会社は、経営に揺るぎがなく、従業員の幸福感を高めます。逆に、経営陣が経費や人件費を削って財務諸表の数字を整えることばかりに腐心している会社では、従業員の幸福感は低下します。

短期的な利益ではなく長期的な成長を目指す経営のほうが、会社にとって、また株主にとってもプラスになる――この価値観の転換を、ぜひとも図らなければなりません。

③事業の改良改善性
企業は、変化に対応できる柔軟性を維持していなければなりません。たとえば、アメリカのＧＭが衰退した原因に、大型車から小型車への切り替えができなかったことがあります。１９７０年代のオイルショックを機に、消費者の関心は日本車など燃費の良い小型車

へ移っていることを知りながらも、大型車の方が1台当たりの儲けが大きかったため、上手にシフトできなかったのです。

たとえばカメラの世界では、化学フィルムからデジタルへの劇的な転換が起こりました。このような動きを見据えて、われわれデフタ・パートナーズも、イーストマン・コダックの経営陣に、すでに1990年代半ば、JPEG静止画像圧縮チップを持参して事業転換を説得しましたが、受け入れられませんでした。

このように変化に対応できず、会社が潰れてしまう例は、枚挙に暇がありません。成功体験をもつ企業ほど、商環境の変化に対応する柔軟性を失い、新しい業態への転換が難しくなります。目先の利益に捉われず、組織を硬直化させず、変化への柔軟性をいかに確保するか。経営の改良改善性も、公益資本主義の下での企業価値を決める要素です。公平性、持続性、改良改善性の3つの指標が企業価値を決めるようになれば、実際の企業のあり方も大きく変わり、世界規模での賃金上昇も起こるはずです。

過去にも、奴隷貿易をめぐって同様のことが起りました。奴隷貿易で栄えたリバプールの往時を象徴する建物の壁には、いまでも鎖をつけられた黒人奴隷のレリーフが飾られています。当時の奴隷商人が、どれほど自らのビジネスを堂々と自慢していたかが分かります。しかしその後、最も利益率の高い「ニュービジネス」としてもてはやされた奴隷貿易も、人権などの新しい価値観、新しいルールのもとで廃れ、世界中で非合法となり、奴隷労働よりも賃金労働によって経済全体がより効率的になったのです。現在のヘッジファンドやアクティビストも、より経済合理性に優れた公益資本主義という新しい価値観の前に、奴隷貿易支持者と同じ運命を辿ることでしょう。ROEなどの経済的に非合理的な指標も、過去の遺物となるはずです。

創造性、幸福感、柔軟性を備えた企業の姿とは？

公益資本主義では、公平性、持続性、改良改善性の3つの要素に優れる企業を将来有望であるとみなします。それぞれは互いに密接に関係し合っているので、この3つをバランスよく追求しながら発展していく企業が理想です。

たとえば、志を同じくする仲間5人で資金を出し合い、会社を立ち上げたとしましょう。創業期に苦労はつきものですが、力を合わせて困難を乗り越えたメンバーには利害を超えた関係が生まれます。「ギブ&ギブ」の精神が、「温かい社風」をつくります。誰かが病気になっても辞めてもらおうなどとは考えず、残りの元気なメンバーが、よりいっそう頑張って、少しは低くなるかもしれませんが、給料を従来通り払おうとするはずです。これが「顔の見える経営」です。高い結束力と高い理想と情熱が原動力となり、創造性と幸福感と柔軟性に富んだ経営を実行できます。

これらの特徴を兼ね備えた会社は、多くの場合、大企業より中小企業です。私自身の経験から言っても、会社がまだ小さいときは、従業員がリーダーの掲げる理念やビジョンを共有でき、一丸となって目標を達成しようという熱意が生まれます。従業員にも「自分の会社だ」という意識が強く、利益の多寡に関わらず幸福感を得られるのです。

ところが経営が軌道に乗り、会社がある程度の規模になると、経営陣と従業員、あるいは従業員同士が、互いに「顔の見えない関係」になります。こうなると、組織から情熱が失われ、従業員も「なるべく働かずに給料はたくさんもらいたい」という意識が高まります。経営側も、経費を削ることばかり考えるようになります。結果として、組織の結束は弱まっていきます。

組織が大きくなると、個人より組織の論理が優先されるようになります。こうなったときに必要なのは、経営陣と従業員、そして従業員同士を繋ぐためのルールです。その要諦は、不公平感をなくすこと。従業員の不満や士気の低下は、給料の多寡よりも、不公平を感じるところから生まれてくるからです。
中小企業と同じ組織の状態や意識を、大企業の中にどうやってつくるか。公益資本主義は、そのための指針でもあるのです。

「金融」の新しい定義

現在の金融機関のあり方は問題ばかりなので、私は、公益資本主義にふさわしい「金融」の新たな定義を考えました。次の3つのアクセスを提供するのが金融の本来の役割だ、という定義です。

第1のアクセスは、「アクセス・トゥ・キャピタル（資本）」です。金融機関は、実体経済に基づく実業を始める人に限って資金を出す。いま私は、アフリカで新しい金融制度をつくろうと奮闘していますが、企業での雇用は少なく、実体経済と言えば、ほとんどが「開業」です。仲間と養鶏場を始めたいとか、個人で小売業を始めたい、というケースです。

第2のアクセスは、「アクセス・トゥ・トレーニング（訓練）」です。養鶏場を始めたいとしても勤めた経験もなければ、失敗する可能性が高い。そこで、養鶏場を経営できるようになるまでトレーニングするのも金融機関の務めとなる。これは、金融機関にとってもプラスであり、必須のことなのです。というのも、事業がうまくいけば安全に融資を回収できる上、預金も望めるからです。ただ資金を貸すだけでなく、長くじっくり付き合っていくことが、互いの利益になるのです。

第3のアクセスは、「アクセス・トゥ・マーケット（市場）」です。養鶏場での生産に成功しても、卵や鶏を市場に出す際に、たいてい仲買人が安く買い叩き、生産者は損をする。流通システムが整っていないので、生産者が適正価格を知らないからです。そこで、生産者が費やした時間と努力が適正に報われる価格で販売できるところまで、サポートする。

現在の欧米や日本の金融機関とは違った形になりますが、これが21世紀に必要とされる金融機関のあるべき姿ではないでしょうか。

アライアンス・フォーラム財団は、２００９年から、アフリカ諸国の財務省や中央銀行の若手幹部を対象にマイクロファイナンスを基本にした金融制度の枠組みを教え、これまでの旧宗主国の銀行法の原則のひとつである担保主義に挑戦し、貧しい人々が自ら事業を起こし、豊かになって中間層に育っていくような制度改革に取り組んできました。

途上国支援のあり方は、ＯＤＡや寄付も、人道上の支援として、あるいは保健、衛生、教育、医療などの基礎的なインフラ整備事業として有効ですが、現地の人々の自立化を促すには、現地で事業化できる第3の道を選ぶべきなのです。営利会社をつくり、利益を上げて現地の人々に還元し、現地の人々が運営を続けることが、何よりも自立への近道だからです。これは、職のない若者がテロ組織に流れることを防ぎ、世界平和に貢献することにもつながります。

欧米型経済とも中国型経済とも異なる第3の道

2008年のリーマン・ショック以来、常に世界のどこかで金融危機が起こっています。「市場万能主義」に任せた結果、危機が起こり、その度に政府が大規模な介入を行なう、という繰り返しです。これまで世界各国で、どれほどの公的資金が投入されたのでしょうか。

世界規模の金融危機を回避しようと、世界全体の金融システムを再点検し、金融機関や政府が資金不足に陥る負の連鎖を防ぐ仕組みづくりが検討されています。実際、G8やG20の財務省、中央銀行やEUなどの政府間協議により、改善された面もあります。ところが、危機を防ぐにはまだ不十分です。バブルと危機の繰り返しの根本原因である株主資本主義が放置されたままだからです。

国家によって統制される計画経済が好ましくないのは当然ですが、危機の度に政府が介入せざるをえなくなるのなら、予め公益資本主義を導入し、経済の混乱を事前に防ぐ方がずっと賢明です。そのためには、健全な市場を維持するためのルールをうまく設計することで、経済の活力と公益の両立を目指す公益資本主義の考え方が重要となります。

株主資本主義と公益資本主義はどこが違うのか、ここで比較整理しておきましょう。

株主資本主義

・短期の勝負＝別名カジノ資本主義
・新たな富を生まない＝単なるマネーゲーム、ゼロサムゲーム
・一部の超富裕層と大多数の貧困層を生む
・英米の金融界、メガファンド、投機家、ウォールストリートが望む資本主義

公益資本主義

・中長期の勝負

・新たな富を生む＝プラスサムゲーム
・層の厚い中間層を生む
・大多数の日本人と、世界の大多数の国民が望む資本主義

金融危機は、常にバブルの崩壊によって起こります。株価などの乱高下で儲けるのは、投機家だけです。バブルと危機を繰り返す経済は、いつまでも続けられません。社会と働く人々を疲弊させるからです。

豊かな日本の個人資産を活用する方法

国の中長期的な成長戦略は、金融緩和や財政政策だけでは実現しません。

現在、短期利益優先の株主資本主義によって、新産業を起こすベンチャーや中長期の新技術開発に回る資金が不足しています。

アベノミクスによって景気の流れを変えることはできました。しかし、国民は豊かになっていません。株価や不動産価格が上がっても、そうした資産をもたない一般庶民には何の恩恵もないからです。

日銀調査統計局の2016年6月の発表によると、日本の家計金融資産（家計資産残高）は1700兆円に達しています。タンス預金も40兆円に達しています。

日本の豊かな個人資産は、もっと有効に活用されるべきです。マネーゲームで奪われたり、行場を失ってタンスに仕舞い込まれては、日本全体にとって大いなる損失です。こうした資金を中長期投資の資金へ導くことこそ、「成長戦略」の最重要の課題なのです。

これは、個人の小さな投資を、10年後、20年後、30年後の日本の未来を創ることにつなげるような政策です。

たとえば、研究開発型のベンチャー企業に創業時から1年以内に投資した場合、出資額分を、所得税の支払額から最大20%控除できるような制度が考えられます。

この制度では、ベンチャー企業への公的支援とは違った効果も期待できます。公的支援においては、支援対象を政府機関や権威ある学者や専門家が審査することになりますが、この制度では、個人が自分の判断で、起業を考えている知人に投資したり、自分が意気に感じる起業家や事業家に投資することができます。とりわけ新しい事業の成否に関しては、権威筋が必ずしも正しい判断を下せるとは限らないのです。

1990年代半ばに、カリフォルニア大学バークレー校のマイケル・ストーンブレーカー教授がオブジェクト指向リレーショナル・データベースを開発した時も、その理論自体が、ＩＢＭやスタンフォード大学コンピュータサイエンス学部の権威筋から否定されましたが、私のベンチャーキャピタルは、独自の判断で、この技術開発に創業期から出資しました。数年後、この会社は、米国大手データベース会社と合併し、その直後にＩＢＭに買収されたのです。

さらに言えば、この制度は、いま盛んに用いられている「ふるさと納税制度」を衣替えすれば（この場合、税額控除ではなく所得控除となりますが）、すぐにでも実現可能なのです。研究開発型ベンチャーを誘致したい自治体には、直ちに検討してもらいたいものです。

このような「破壊的な創造」をもたらす起業家の背中を押すような税制なら、ＦＸトレーディングに投資するより節税になるし、そもそも新事業に挑む若者を支援することに大きな意義を感じる人も多いはずで、高齢者のタンス預金を有効活用することにつながります。

新事業は、失敗しても無意味ではありません。たとえ会社が潰れても、人材が育つからです。失敗の経験を次に活かせばいいのです。

残念ながら日本には、そうしたチャレンジ精神が欠けています。アメリカが日本より優れているのは、優秀な若者の多くが大企業志向ではなく、自立心旺盛で起業を志し、失敗しても再チャレンジ可能な環境があったからです。

逆に日本が他国より秀でているのは、雇用の安定です。日本はこの美点を失ってはいけません。景気が良くなれば、完全雇用を達成するが、不景気になると、失業者が溢れるような株主資本主義ではなく、雇用の安定を維持しながら、新たなチャレンジを促す仕組みが必要なのです。そしてこれが、1700兆円の個人金融資産の有効活用にもつながります。

これからの日本のモノづくり

新技術を次なる基幹産業にする力は、株主資本主義や金融資本主義が蔓延したアメリカには、もはやありません。それに対し、日本は、技術と知的財産において、世界で最も優位な立場にいます。ここで、中長期の研究開発を優遇し、新しい産業を育てるエコシステムを形成すれば、世界をリードできるのです。

ポスト・コンピュータ時代の新技術のほとんどは、知的財産になります。知的財産をつくるのが、「21世紀のモノづくり」です。これを開発する会社や研究所は、「IP（知的財産）ホールディングス・カンパニー」と呼べばいいでしょうか。所在地は海外でもいいし、研究者や技術者が日本国内に住んでいる必要もありません。会社の登記だけ日本におき、その会社に投資される資金について税金の控除を行なえばいいのです。タックスヘイブン（租税回避地）にペーパーカンパニーを移し、税金逃れするのとは、正反対の動きです。

それでは、利益を国外に奪われるのではないか、といった危惧は不要です。開発された知的財産を製品化する際には、必ず設備の建設や雇用が生じます。日本が率先して、次なる基幹産業の育成を促す新たな資本主義のルールを整えることで、知的財産を活かした応用技術、ソフトとハードが融合した新しい製造業、それらをさらに活かしたサービス業を世界に先駆けてつくり出す企業を日本に呼び込むのです。

投資減税で技術開発を促す

新しい技術開発や基幹産業を育成する中長期の投資を呼び込むには、税制の変更も必要です。現在の会計基準では、企業の投資は資産に計上され、投資勘定の投資有価証券として扱われてしまいます。これを、投資を行なった段階で「強制減損」とし、損金としてその年の利益と相殺できる仕組みに変えるのです。すると企業は、節税にもなるので、儲けが出ているときに思い切った投資ができます。

コア技術の開発は、成功率が低いものです。こうした投資がうまくいくとは限りません。しかし社会に役立つ投資で、税金の控除も伴うなら、企業も、個人の投資家も、関心を寄せるはずです。真の技術革新にはリスクを伴う投資が必要だからこそ、成果が出れば大きなリターンがあるのです。

公益資本主義の理念を元に、株式市場、会計制度、法制度、税制などのルールを改め、新しい投資の仕組みを整える。そうすることで、次世代の基幹産業に育てることができます。そして、それが呼び水となり、欧米の大手化学メーカーや製薬メーカーは日本へ引っ越してきます。素材、エレクトロニクス、ライフサイエンスなど、これから成長が見込める分野は、知的財産以外にもたくさんあります。80年代のシリコンバレーのような活況を日本で再現するのです。

これまでの欧米の株主資本主義、金融資本主義とはまったく異なる手法で、「産業立国」を成し遂げ、先進国から一目置かれる国になると同時に、開発途上国から必要とされる国になる。これが私の思い描く21世紀の日本の姿です。

5章

公益資本主義の12のポイント

公益資本主義を実現するためのルールづくり

もはや「アメリカ型の資本主義がおかしい」と指摘するだけでは十分ではありません。単なる批判にとどまらず、次の段階として、これに代わる新しい資本主義のあり方、とりわけ公益資本主義を実践するためのルールを具体的に提示すべき段階に来ています。

金融危機で痛手を蒙った金融機関に公的資金を注入したり、銀行業務に制限を加えたり、ファンドの取引の透明性を高めたり、といった対症療法では、世界経済の方向性は変えられません。新しい資本主義が株主資本主義に取って代わるべき時代が来たのです。

「公益資本主義」は単なる「理想」ではありません。十分に実現可能な「具体的なプラン」なのです。２００９年に日本能率協会グループが行なった調査では、新任取締役・執行役員の８割が公益資本主義の考え方に賛同しています。財界や企業の経営陣にも潜在的な支持基盤があるのです。

この章では、公益資本主義を実現するための具体的なルールを提示します。短期的な株主利益を優先する税制、金融証券制度、国際会計基準、会社法、銀行法、商法といった現行の法律や商慣行を、中長期的利益の追求と新しい産業の育成に役立つ形に変えるのです。

ルール①　「会社の公器性」と「経営者の責任」の明確化

大原則として、「企業、とりわけ上場企業は公器である」ことをしっかり定義づける必要があります。「経営者と取締役会は、従業員、顧客、取引先、株主、地域社会、地球環境など、すべての社中に対して責任をもつ」ことを明文化した上で、新しい企業統治のルールを構築しなければなりません。これによって、株主資本主義のもとでいびつになった「会社を構成する関係者間のバランス」を取り戻すための前提条件を整えます。

持続的な企業価値の向上に資するよう、CEOをはじめとする経営幹部の選抜や解任の手続き、経営トップOB、相談役、顧問の経営関与のあり方についても、ルールを改めます。

ルール②　中長期株主の優遇

現行のルールの下では、次のような事態も起り得ます。

村上ファンドやアメリカのアクティビストのような投機家が、年度末の3月31日に大株主となり、6月の株主総会に出席して、まだ研究開発を続けている段階なのに「不採算の事業を売却せよ」と迫ったり、「内部留保を500％の配当金にして増配せよ」と要求するケースです。

現行法では、このように投機家が株を短期間で売り抜け、莫大な利益を得ています。短期保有の株主を優遇する制度を改め、マネーゲームを封じ込めなければなりません。そうでなければ、いくら法人税率を下げても、設備投資や賃上げに繋がりません。企業の利益は、株主配当に回されるか、株価上昇のための自社株買いの資金に充てられるだけです。対抗策として、配当増と同じ割合だけ従業員の給与や内部留保を上げるといった仕組みをつくればいい。

さらに株主としての権利を行使できるのは5年以上保有している者に限る、という制限も設けるべきです。5年以下のにわか株主や短期のデイトレーダーは、配当金とキャピタルゲイン（株式や債券の売買差益）を得る経済的利益分配の受益者とみなし、両者をはっきり区別し、中長期的な経営を支援する株主だけを、本来の株主として厚遇するのです。「種類株式」の発行も、もっと活用されるべきです。

トヨタは2015年、日本初となる「AA型種類株式」を発行しました。これは、譲渡制限があり、取得から5年以降は普通株に転換するか、発行価格でトヨタに買い取ってもらえる株式で、議決権つきで元本保証ですが、当初の配当は低く、長期保有を前提としていて、保有期間が長いほどメリットが大きくなります。

トヨタは、「AA型種類株式」新規発行の目的を、「持続的成長を実現するための競争力強化」「中長期視点での研究開発投資」「中長期株主層の形成」にあると説明しています。まさに、国内の中長期の個人株主を獲得し、優遇するための優先株です。ちなみに豊田章男社長は、公益資本主義の賛同者の一人です。

ルール③　「にわか株主」の排除

コンピュータや人工知能が自動的に売り買いする超高速取引（HFT）が証券市場を席巻しています。東京証券取引所の全取引のうち、外国投資家の発注件数は7割に達していますが、そのうちのかなりの部分が、HFTではないかと思われます。1秒に何万回もの取引が可能であるHFTに、老後の資金を元に株式新聞を見ながら売ったり買ったりしている個人投資家など、太刀打ちできるはずがありません。戦争に例えれば、ミサイルと歩兵が戦うようなものです。

欧米ではすでに規制が導入されましたが、日本では金融庁はようやく検討を始めたところです。HFTに対しては、規制をかけたり、取引税を課すなどして、証券市場に本来の健全な取引を取り戻さなければなりません。

もうひとつの問題は、限られた金融機関がシンジケートを組んで互いに取引をする「クラブディール方式」です。

たとえば、「ユニコーン企業」と呼ばれる時価総額で10億ドル以上する企業の非上場株があるときに、その株式を上場させずに巨大ファンド同士が株を回す取引です。Aファンドが時価総額1000億円で買ったものを、Bファンドが1200億円で買い取り、まるで土地転がしのように転売していくのです。非常に不透明な取引なのに、法で禁止されていません。

こうした短期利益を求める投機資金中心の金融取引は、ゼロサムゲームでしかありません。新しい富も付加価値もいっさい生まないのです。「投機資金が流れてこないと株価が下がる」という強迫観念が、政治家や金融関係者にはあるようですが、投機資金は、株価を乱高下させるだけです。さらに金融危機が起これば、所得格差がさらに拡大する結果となります。

ニューヨークやロンドンのマーケットは、短期資金の利益を最適化する制度設計になっています。ところが、全体の資金量を見ると、中長期のリターンを求める資金も20％ほどあるのです。こうした中長期的な取引を望む投資家にとって最適な市場は、世界のどこにもありません。

存在しないのなら、新たにつくればいいのです。たとえば、会社法を改正して、5年以上保有する株主を「経営関与株主」として「にわか株主」とはっきり区別する。そして「経営関与株主」から構成される新しい株式市場をつくれば、中長期の研究開発を行なう企業を支援するための株式市場となります。

このような株式市場ができれば、株式市場を鞍替えする企業が、国内外で続出するに違いありません。実際にアメリカの大企業経営者に聞いてみたところ、「そんな株式市場があれば、ニューヨークから東京へ鞍替えしたい」という声を多く聞きました。国内にも、長期にわたって堅実な運用をしなければならない生命保険など、乱高下を嫌う金融機関は数多くあります。

会社の成長を誠実に願う株主が主役となる制度が重要です。ナスダックを真似たジャスダックなど、二番煎じのマーケットをつくるだけにとどまらず、世界中の中長期資金のニーズを満たすような世界初の市場をこの日本につくるのです。

ルール④　保有期間で税率を変える

中長期保有の株主中心のマーケットをつくるには、株式売買の際のキャピタルゲイン課税の税率を保有期間によって変えるのも有効です。短期的投資に対する税率は重く、中長期になるほど軽減するのです。

現在は、所得税＋復興特別所得税に住民税を加えて一律約20％ですが、短期利益を追求する投機家から多くの税金を取ることができます。アメリカでさえ、保有1年以内の売買にかかるキャピタルゲイン課税は最高で39・6％ですから、これと同率にするぐらいは問題ないはずです。すぐにでも実施すべきでしょう。「アメリカンスタンダード」といっても、こういう肝心なところは真似ていないのが不思議です。超高速取引には規制が必要であると安倍総理へも直言しましたが、対応策としては、現行の登録制だけでなく、トービン税のような金融取引税を課すべきです。このことは、2005年に政府税調の特別委員に就任した時から一貫して主張してきました。

一方、長期資金は、いまより優遇すべきです。5年間保有した株については売却の税率を5％まで引き下げ、10年以上保有していた場合はゼロにします。こうすれば、株主の長期保有をさらに促すことができます。

繰り返しますが、投資家の売買意欲を削ぐとして99年に廃止したトービン税の復活はぜひ検討すべきです。２００８年のリーマン・ショック後、短期的な取引の抑制や税収確保を目的に、金融取引税を課す国が増えています。ブラジルは２００９年、フランスは２０１２年、イタリアは２０１３年に導入しました。いずれも直後こそ取引量が大幅に減少したものの、その後は回復しています。

ちなみに以前から私は、法人税、住民税、消費税、個人所得税、贈与税、相続税などのすべてを、２０２０年頃までに先進国で最低の水準にすることを国の政策にすべきだ、と呼びかけてきました。２０１６年の国の借金は１０５３兆円。国民１人当たり８３０万円に相当する現状では、夢物語だと思われるかもしれませんが、決してそんなことはありません。

次なる基幹産業で日本が世界を牽引する日が来れば、利益を上げたたくさんの企業から多額の法人税が国へ入ります。そして、勤労所得の所得税の税率は極力下げ、不労所得のキャピタルゲイン課税は強化し、全体としての税率は、先進国のなかでも最低水準を維持しながら税収を減らさない制度設計を目指すのです。

ルール⑤　ストックオプションの廃止

株主資本主義を追放するためには、CEOや役員へのストックオプション付与も廃止しなければなりません。

現在のアメリカでは、経営者の報酬の大部分はストックオプションが占めています。経営陣として100万株を1株5ドルで買い取る権利を得た後、株価が8ドルに上がれば、差額の3ドル×100万株で300万ドル（約3億3000万円）の収入になる。

ストックオプションは通常、退任してから数十日以内に行使しなければ権利を失いますから、彼らにとって在任中に株価を上げなければ意味がありません。

アメリカのCEOはさまざまな企業を渡り歩くので、平均の在任期間は極端に短かいのです。彼らはその短い在任期間中に株価を吊り上げようと腐心します。ストックオプションの仕組みがそう促すのです。

ストックオプションは、株式が非公開の間は、創業者が経営陣や従業員に株式を分け与えることで「自分たちの会社だ」という意識をもってもらえるという大きな意味がありま す。しかし株式公開後に経営陣に与えることは、ストックオプションの行使期間が切れないうちに、無理にでも、なるべく株価を高く維持しようという動機が働きますから、大口株主であるファンドに尽くすような結果になってしまうのです。こうなると、ストックオプションも、いわば「ファンドによる経営陣への賄賂」と変わりません。

ただし、日本のストックオプションは、退職金の代わりとして制度設計されているものもあり、米国型のストックオプションと同一に語ることはできません。

ルール⑥　新技術・新産業への投資の税金控除

革新的な技術を生み出し、事業化して産業に育てるためには、金融面での支援システムも欠かせません。いますぐ整備すべきなのは、「リスクキャピタル制度」です。これは、新たなコア技術や基幹産業に継続的な投資や支援を行ない、テクノロジーリスクとマーケットリスクを克服する手助けをするとともに、リスクに見合うリターンを投資家にもたらすための制度で、次のような内容です。

企業には、リスクキャピタルへの投資を、会計上、「損金」に繰り入れすることを認めます。これによって、節税につながり、業績好調で利益が上がっているときにリスクの高い投資を促すことができます。たとえば、所得税の10％分をｉＰＳ細胞など先端技術ベンチャー事業に投資した場合、年間総額1兆円などの上限を定めて、税額控除を行なうのです。

個人には、「納めている所得税の何割」と決めた上限までであれば、リスクキャピタルへの投資は税額控除として所得税から差し引くことにします。たとえば5年以上かかる研究開発に対する投資は、寄付控除などと同じように、所得税から控除するのです。10万円投資すれば、同じ額が所得税から引かれる仕組みです。投資がうまくいけば大きなリターンがありますから、現金化して所得とした時点で所得税やキャピタルゲイン課税がかかるようにすればよいでしょう。

こうして、日本国内から新たなコア技術と基幹産業が生まれやすくするために、企業を支援するだけでなく、企業を支援する個人も支援する制度を国が整えるのです。

ルール⑦ 株主優遇と同程度の従業員へのボーナス支給

たとえば、ヒューレット・パッカードは、税引き後利益の16８%に当たる金額を株式の配当と自社株買いに充てました。この時、利益の16８%を株主に回すなら、10%に当たる16・8%分は従業員に還元する、といった規定をコーポレート・ガバナンス・コードに盛り込むのです。会社が支給する給与やボーナスは、税引き前の金額です。そこから源泉徴収されて、手取り額が残ります。会社の税引き後の利益100億円に対して16・8億円が分配される仕組みにすれば、社員や非正規従業員にとっては税金を引かれずにすむボーナスとなります。会社の立場から見ても、自社株買いに充てる現金の一部を従業員へ回すだけなので、出ていくキャッシュの総額は変わりません。それだけでなく、公益資本主義の公平な社中分配を確実に実現する手立てとなります。利益を上げた時には、ここぞとばかりに社員を豊かにすること、これは会社経営陣が果たすべき仕事のひとつです。

こうすれば、富裕層以外の実質賃金上昇と格差是正にもつながり、GDP600兆円の実現への近道ともなります。豊かな中間層をつくり、個人消費を増やし、GDPを成長させるには、賃金を増やす以外に方法はありません。金融緩和だけをして金利がゼロになっても、借りてまで消費する個人はいません。「来年は給料が減るかもしれない」「ひょっとしたら解雇されるかもしれない」という不安があれば、消費は増えないからです。一般労働者の賃金上昇を、成長戦略の柱として国家目標に掲げるべきです。

ルール⑧　ROEに代わる新たな企業価値基準「ROC」

「企業の価値」とはどんなモノサシで測られるべきものでしょうか。

現在は、すべての税制、会計基準、ガバナンスに関わる企業価値は、ROE（自己資本利益率）で測られています。ところが、すでに述べたように、資本を圧縮しさえすれば高い数値が出るROEは、そもそも歪んだモノサシなのです。

「日本企業のROEは低い」としばしば非難されますが、ROEは、あくまで「経営の結果」であって、「経営の目的」ではありません。

最近では、ROEを、ROS（売上高利益率）、総資産回転率、財務レバレッジの3要素に分解し、総資産回転率と財務レバレッジにおいては、日本企業と欧米企業に差がないので、「日本企業はROSを上げよ」という議論がなされています。しかし、下請けを含む何層ものレイヤーで利益を分配し、これに伴って雇用安定のメカニズムが機能している点を考慮すれば、日本企業のROSの水準は、欧米企業と比較して、とくに低いわけではありません。ですから「ROSを上げることでROEを上げよ」という議論は、そもそもおかしいのです。

2014年8月、経済産業省の「持続的成長への競争力とインセンティブ――企業と投資家の望ましい関係構築」というプロジェクトが報告書を出しました。「伊藤レポート」と呼ばれるこの報告書には、「最低限8％を上回るROEを達成することに各企業はコミットすべきである」と明記されていますが、ある野菜素材を提供する会社の社長がこう嘆いていました。「この業種では、もともと売上利益率が低いので、ＲＯＳも、ＲＯＥも簡単に上げることなどできない。『ＲＯＥ８％を目指せ』と言われても、そもそも無理がある」と。

そこで公益資本主義の理念に合致する新しい指標を導入する必要があります。

私が代表を務めるアライアンス・フォーラム財団は、「ＲＯＣ（Return on Company）」という指標を提唱しています。これは、社中への利益分配を公平に行なうための指標です。

ＲＯＥは、「株主資本利益率」とも訳され、まさに「株主資本主義への企業の貢献度」を測る指標ですが、ＲＯＣは、「会社を支える社中全体への貢献度」を測る指標です。公益資本主義における「利益」は、従業員には「給与」「教育」「福祉」、株主には「配当」「株価上昇」、顧客には「安全性」「品質」、仕入れ先には「適正価格での購買」、地域社会には「貢献」、地球全体には「環境」、そして会社自身には「内部留保」という形で分配されます。このすべてが「社中」であり、「利益」を公正に分配すべき対象となります。

フローにおける価値基準は、「分配公平性スコア」です。自己資本を社中分配前総利益で割ることで算出します。ストックにおける価値基準は、「持続性スコア」です。

実際に上場企業の財務データに適用してみたところ、ＲＯＣが高くなれば、数年後のＲ

ＯＥも高くなる傾向が見られました。この意味では、長期にわたってＲＯＥを上げるには、ＲＯＣを高くすればよい、ということになります。「企業は社会の公器である」と考え、ＲＯＣは、中長期的な観点に立つ経営を行なって社中全体に利益を還元する企業を高く評価する指標で、実際、こうした企業の方が、将来にわたって大きな利益をもたらすのです。この意味では「長期的にみたＲＯＥ」と捉えることもできます。

ＲＯＣと株価をリンクさせる投資理論が完成すれば、投機家もその魅力に気づき、中長期的な経営や社中分配を行なう企業を選んで投資するようになります。中長期的な経営を行なう企業が増え、利益を上げ、しかもマーケットで評価されていることが知れ渡れば、日本発の新しい資本主義＝公益資本主義は、たちまち世界中に浸透していくことでしょう。

ルール⑨　四半期決算の廃止

四半期決算の開示は、不要なので廃止します。ただし、中長期のビジョンや事業計画についての情報開示は重要です。

現在は当然視されていますが、そもそも四半期決算が始まったのは、株主から1年でも半年でも「早く結果を出せ」という要求があったからです。この株主の要求を反映したのが、ROEです。ROE信奉者は、長いスパンで経営を見守ることができず、売上も、利益も、3カ月ごとに見なければ気が済まないのです。

ところが、季節によって業績が大きく変動する業種もあります。そもそも毎四半期ごとに右肩上がりを継続する方が、よほど不自然です。

現にアメリカの経営者たちは、四半期決算に合わせて、みずから「合法的捏造」と呼ぶ数字の操作を行なっています。今期中に取れた注文でも、今期に計上すれば来期の売上が減ってしまう場合、先送りして来期に計上するのです。顧客が迷惑しようと、一切関係ありません。会計上の都合が本業のあり方を歪めているとすれば、何のための決算なのか。

現在の日本では、金融商品取引法の「四半期報告書」と、証券取引所の上場規定による「四半期決算短信」が企業に義務づけられています。これを廃止すれば、企業はコストを削減して付加価値を生む活動に集中でき、目先の短期的な経営判断や株価変動から解放されます。「我が国は今後、短期的・投機的利益追求の風潮を認めない」という決意を世界に先駆けてアピールする効果もあります。

この点、私自身、内閣官房未来投資会議の構造改革徹底推進会合に内閣府参与の立場で参加し、四半期決算開示義務の廃止を強く主張してきました。

四半期決算開示義務を廃止するために、具体的には次の3つのステップを考えています。
①四半期決算短信における「業績予想」の項目を削除する制度改革を行う。
②現在は併存している金融商品取引法に基づく法定開示制度（有価証券届出書、有価証券報告書、四半期報告書など）と金融商品取引所における適時開示制度の決算報告を統一化するとともに、本決算のような大がかりな決算報告は不要とする制度改革を行う。
③中長期ビジョン、企業理念、非財務情報を開示する体制を整える。

ルール⑩　社外取締役制度の改善

これまで見てきたように、現行の制度下では、社外取締役は、株主の立場に立った企業統治を行っているにすぎません。いわば現状の社外取締役制度は、「株主利益を守る経営陣が合法的に利益相反する制度」と化しています。ガバナンス・コードには、もっともらしいことが書かれてはいるのですが、とくに米国でのガバナンスの運用実態を検証すると、「会社は社会の公器」という理念からかけ離れた事例ばかりが際立っています。

社外取締役に求められるのは、「会社は社会の公器」という観点から、企業経営を見極め、助言し、協力することです。そのためには、とくに次の3点を見極めなければなりません。

第1に、企業が持続的な発展を遂げるために、短期的な業績ばかりでなく、中長期的な視点から経営が行なわれているかどうか。

第2に、中長期にわたって成長するために、リスクのある新事業にも果敢に挑戦する経営ができているかどうか。

第3に、企業が成長し、利益を生み出した際に、会社を支える社中各員に公正な分配が行なわれているかどうか。

すでに現状に危機感をもつ経営者たちが協力し、「公益資本主義推進協議会」を設立して、独立性をもつ人材の育成を提唱しています。この協議会から、職業的倫理、公平性、客観性、専門性など適性を備えた人物を「社外取締役」として各企業に送り出そうとしているのです。

ルール⑪　時価会計原則と減損会計の見直し

時価会計原則や減損会計は、投資家の立場から見れば、最高のルールです。投資家は、株式でも、土地でも、最新の価格を知りたいからです。

ところが、時間をかけて無から有を生み出そうとする事業家にとっては、最悪のルールです。私自身、何度も経験しましたが、技術開発に年月がかかってしまうと、監査法人から、当初用意した資本の減損を要求されてしまいます。「『現金』が、技術開発によって『現金より価値のある知的財産』になったのだ」と、いくら説いても納得してもらうのは、至難の業です。

ただ、会計基準は、民間のルールであって、国が関与できるものではありません。ですから、いきなり世界全体の会計基準を変えるのではなく、まずできることとして、税制度の改正が考えられます。たとえば、人類や社会全体に貢献しうる革新的な研究開発への投資については、法人税を大幅に減免するなどといった制度です。これは、いわば次世代の基幹産業を生み出す「傾斜生産方式の税制版」です。これによって、企業投資、新技術開発を促すのです。

ルール⑫　日本発の新しい経済指標

国や地域の経済規模や経済成長は、ＧＤＰで測るのが一般的です。しかしＧＤＰは絶対ではありません。たとえば道路をつくるとき、丈夫で長持ちする道路を１００億円かけてつくり、100年間使うケースと、建設費は1億円に抑えたけれども、毎年1億円かけてつくり直さなければいけないケース。どちらが経済成長に貢献するか。

数値としてのGDPを押し上げるのは、後者です。安物で壊れやすい道路は、補修にもお金がかかり、事故の発生率も高く、自動車の修理費用やケガをした人の治療費もかかるはずです。これらは、100年長持ちする道路ではおそらく使わずにすむお金です。ならば、どちらの道路をつくるべきなのでしょうか。

福島第一原発の事故は、膨大な経済損失を発生させました。その一方で多額の対策費や廃炉費用を生じさせたため、日本のGDPを一定額は押し上げたはずです。けれども、この原発事故が日本経済に貢献し、日本人を豊かにしたなどと果たして言えるでしょうか。

「ベース・オブ・ピラミッド（BOP）ビジネス」というものがあります。これは、欧米企業が途上国の貧困層マーケットで導入しているもので、チョコレートなどの商品をプラスチック製の小分け袋に入れ、貧しい人々でも購入できる値段で販売する手法です。これによって、欧米の食品メーカーは大きな利益を上げ、途上国のGDPも上がります。しかし、循環型でごみを出さない生活をしていた途上国の人々の暮らしの中に、大量のプラスチックごみをもたらしました。食品メーカーは、ごみの回収までを本体で行うと利益が出ないので、環境保全ＮＰＯに寄付して、ごみの回収をしてもらいます。ごみをなくしたＮＰＯは表彰され、立派な活動をしているＮＰＯへ資金を出す大企業も、メディアで賞賛されます。欧米企業は、先進国の市場が伸びないため、人口が多く経済成長が望める途上国に商売を広げたいだけなのです。このように株主利益を徹底的に追求する欧米企業の姿は、アフリカや途上国でよく見かけます。

ＧＤＰという指標だけで、人類にとって望ましい成長を測ることはできません。海外からの所得を加えた「国民総所得」にしても同じです。したがってＧＤＰやＧＮＩを上げることだけが、経済の目的になってはいけません。ブータンにおける「国民総幸福量（ＧＮＨ）」のような指標も、人口の小さな国でしか有効ではありません。

マネーを回してマネーを膨らませるだけの現在の金融システムをいくら活性化しても、付加価値は生まれず、実体経済を大きくすることにはなりません。いまこそ、ＧＤＰ（国内総生産）やＧＮＩ（国民総所得）を補完する経済指標が必要なのです。現在、公益資本主義にふさわしい新しい指標づくりを研究しています。

6章

公益資本主義・実践編

――モノづくり最適国家の実現

持続可能な成長戦略を実行するには、革新的な新技術を開発して無から有を生み出し、新しい製造業やサービス業として育て、雇用をつくり出すことが必要です。

革新的な新技術の生まれる余地がある分野は、情報通信、新素材、エネルギーとたくさんあります。その中で日本が大きなアドバンテージを持っているのは、先端医療です。特に再生医療や幹細胞医療では、基礎研究・臨床研究・臨床の応用に至るまで、日本の研究者や医師が世界の最先端で活躍しています。日本が新たな基盤産業を世界に先駆けてリードしていくチャンスのひとつがここにあるのです。

公益資本主義にもとづいて技術開発を進めていくべきなのは、先端医療分野に限られませんが、研究開発と実用化に長い時間と投資を要する先端医療は、公益資本主義にふさわしい事業です。そして、高齢化が進む日本に、さらには全人類に貢献する技術でもあります。しかも現時点で、日本が世界をリードしている分野です。

これまでIT産業を牽引してきたのはアメリカです。アップルも、グーグルも、アメリカで生まれた企業で、その製品やサービスは世界に急速に広まり、人々の生活を変えました。ところが、現在、アメリカの投資は、中長期の研究開発に向かいません。彼らがITばかりに拘って、その他の革新的技術の開発に十分に投資をしていないとすれば、今後、日本は、この分野でリードし、米国の不得意な分野を補完することで共に繁栄することができます。

この章では、とくに先端医療という具体例を通して、新技術開発と新たな基幹産業のあり方を考えたいと思います。いわば、「公益資本主義の実践編」です。

基幹産業は時代ごとに移り変わる

2015年頃までの世界の基幹産業は、パソコンを中心とするIT産業でした。40年前は鉄鋼産業で、さらに40年前には繊維産業でした。要するに、基幹産業は、時代によって移り変わっていくのです。

私は、二〇〇七年に、『21世紀の国富論』（平凡社）という著書で、人々がITに求めるのは、計算機能ではなく、対話コミュニケーション機能になる、と予言したのですが、その後、予測通り、スマホが生まれました。ただ、このスマホも、その中身はまだ旧来型のパソコンで、次世代には、これとは原理から根本的に異なる情報技術の革新が起こると予想されます。

そして、2015年から2040年にかけて、バイオとITは、ますます融合し、これが新たな基幹産業に育っていくだろうと予想できます。ITとバイオの融合とは、先端医療やICT（情報処理や通信に関連する技術、産業、設備、サービスの総称）やIoT（あらゆるモノが相互に接続するネットワーク）の技術革新によって、予防・診断・治療・予後管理といったサイクルが、バイオ・インフォマティクス（生命情報科学）を要にして誕生してくる、ということです。2040年頃までは、デジタル技術を中心に製品やソリューションの開発が進むでしょうが、生命科学研究の進展によってアナログの制御技術が確立すれば、さらに本格的なバイオとITの融合が始まることになります。まさに製薬会社が半導体をつくり、電機会社が薬をつくる時代が到来するでしょう。

先端医療では、多くの日本人研究者が優れた業績を残しています。特に幹細胞医療分野では、iPS細胞でノーベル生理学・医学賞を受賞した京都大学の山中伸弥教授の基礎研究を応用した研究が進んでいます。慶應大学の岡野栄之教授は、脊髄神経再生の臨床応用研究を始めています。理化学研究所の髙橋政代博士は、網膜再生に取り組み、加齢性黄斑変性の手術に取り組んでいます。東京大学の中内啓光教授は、幹細胞制御プロジェクトを進めています。大阪大学・澤芳樹教授の心筋シートの技術は、すでに実用化され、心不全の患者を救っています。すでにこのような特筆すべき成果が数々あり、日本は圧倒的な先行優位性を誇っているのです。

ただし、こうした先端医療の研究成果を実用化し、世界中で使ってもらえるようにするには、多くの課題があります。

研究成果を世界レベルで実用化し、事業化するために、国連経済社会理事会の特別協議資格をもつアライアンス・フォーラム財団と日本政府は、2013年から毎年、先端医療と事業創造をテーマにしたフォーラムをサンフランシスコで開いています。日米欧の科学者、医者、ベンチャー事業家、製薬など大企業の代表者をはじめ、日本からは、日本医師会、日本学術振興会、科学技術振興機構の最高幹部が出席しています。富士フイルムによるアメリカのバイオベンチャー買収や、山中教授と武田薬品工業の共同研究が実現したのは、このフォーラムがきっかけでした。2016年も11月に「先端医療技術の事業化と戦略」をテーマに開催し、山中教授や澤教授や中内教授や髙橋博士が登壇してくれました。

2016年3月には、「先端医療革命と国家戦略特区――日本から世界の問題を解決する」というテーマでワールド・アライアンス・フォーラムを兵庫県の淡路島で開催し、大盛況でした。このように日米両国で「コトを起こす」人々が集うフォーラムを開催し、各分野の新しい基幹産業が生まれるためのエコシステムをつくることは非常に重要なことだと考えます。

先端医療の「国家戦略特区」

「あなたは不治の病で、余命は1年です」と宣告されたとしましょう。そのとき目の前に新しい薬があって、「人間への安全性は保証されていて、動物では有効性も証明されている。ただし、人間に効くかどうかはわからない」と言われたら、使ってみたいと思うはずです。効けば儲けもの、効かなくても害はないのなら当然です。

ところが、その願いは叶いません。開発された新薬を人間に使うことを認められるには、非常に面倒な手続きと長い時間が必要だからです。

創薬分野は、実質的にアメリカがリードしています。許認可を司るのは、食品医薬品局（FDA）です。新薬が実用に至るまで、基礎研究と前臨床試験のあとに、3段階の治験（臨床試験）が必要とされています。

・フェーズI　健康な人（少数）を対象に、安全性と薬が体内でどのように変化し排泄されるかを明らかにする試験

・フェーズⅡ　比較的少数の患者を対象に、有効性と安全性に関する検討や適切な使用量を決定するための試験
・フェーズⅢ　多数の患者を対象に、有効性と安全性を確認するための比較試験

実用化まで辿り着くには、長い時間と1000億円以上の莫大な費用が必要となります。そのため、新薬を開発できるのは、実質的に大手製薬会社に限られてしまいます。ところがアメリカの大手製薬会社は、株主資本主義に侵食され、いまや実用化までに大きな負担を強いられる新薬開発に及び腰です。株主資本主義に侵食されたベンチャーキャピタルも同様です。

そのためアメリカでは、せっかくよい薬を開発してもフェーズⅡとフェーズⅢを乗り切る資金を工面できないために倒産していく創薬ベンチャー企業が何百社とあります。フェーズⅠまでに投入された税金を含む多額の研究費が無駄になるばかりか、産業界も活性化せず、新薬を待つ多くの患者の期待を裏切る結果になっているのです。

欧州も、日本も、おおむね同様の制度をとっています。新薬許認可の煩雑なプロセスは、世界の医療機関と患者が共通して抱える課題なのです。

そこで私の提唱している改革案は、「先端医療国家戦略特区においては、動物と人間における安全性、及び動物における有効性が証明された新薬には仮承認を与え、すぐに市販して使用できる」という規制緩和です。特区の中で認定された医療機関だけが、治療と臨床試験を一石二鳥で行なうのです。細目は次の5つです。

①アメリカのバイオベンチャーの集団移転を促すために、FDAのフェーズI／IIを通過した新薬は条件付き期限付き早期承認とし、市販を認可する。
②ただし、実績と経験豊かな先端医療センターでの使用に限定し、臨床研究中核病院がこれを担う。
③国内で人間の安全性および動物の有効性が確認された新薬も、同様の扱いをする。
④独立行政法人「医薬品医療機器総合機構（PMDA）」と連携し、使用法や副作用に細心の注意を払う。
⑤早期承認を受けた新薬、治療方法、医療機器については、市販後、治療を受けた全患者に対して追尾調査を実施し、有効性と安全性を確認する。その上で、データベースを構築し、さらなる予後管理体制を整えた上で、最終承認を与える。

世界中どこへ行っても、使いたくても使えない薬が日本でなら使えるとわかれば、多数の患者が福音と捉え、海外から日本の「先端医療国家戦略特区」を目指して来日するでしょう。再生医療分野については、２０１４年11月25日に施行された薬機法（旧薬事法を改正したもので、正式名称は「医薬品、医療機器等の品質、有効性及び安全性の確保等に関する法律」）によって、日本は世界に先駆けて新たなルールを創造したことになります。しかし、国家レベルで先端医療を後押しするには、薬事法の改正だけでは十分でありません。研究開発から臨床まで、丸ごと後押しする姿勢が欠かせないのです。

日本が先端医療分野でのアドバンテージを活かし、さらに世界をリードしていく際のポイントは、技術開発、制度設計、人材開発です。

これらを総合して「先端医療国家戦略特区」で実施します。そうすれば、どの国より進んだ医療とここでしか使えない薬を求めて、世界中から難病の患者や研究者がこの特区に集まってきます。患者が増えれば、治験のデータも精度を増すので、世界の有力医薬品メーカーもこぞって進出してくるでしょう。日本の医療技術の向上、新しい産業の育成、雇用の創出、税収の増加、歳出の削減、優良海外企業の進出といった効果が生まれ、さらに海外からの来日者が増加することで経済効果も見込めます。こうしたさまざまな波及効果が期待できるのです。

アメリカの新薬許認可の遅さを嘆く新薬ベンチャー企業の関係者に、「特別に来させてあげてもいいが、法人税は5％余計にいただくよ」と冗談半分にもちかけてみたところ、「そんなことは構わない。アメリカにいたら会社が潰れてしまうから、日本へ行く」とふたつ返事でした。

世界の難病患者を救う

新薬開発に莫大な時間と資金を要する現状で、最も困っているのは、希少疾患（難病）の患者です。新薬を実用化しても、患者が少ないため、利益が見込めず、製薬会社としても手が出せないのです。

しかし、特区をつくることでこの問題を解決することができます。

国が難病指定している希少疾患と、その疾患の国内と海外におけるおおよその患者数を見てみましょう。日本国内だけでなく海外も含めれば、「希少疾患」といえども、多くの患者がいるのです。

・1位　潰瘍性大腸炎――大腸の粘膜にびらんや潰瘍ができる炎症性疾患。国内16万人。海外780万人。
・2位　パーキンソン病――身体の震えや筋肉の固縮、姿勢保持障害など運動面に症状が現れる病気。国内11万人。海外590万人。
・3位　全身性エリテマトーデス――皮膚の炎症から内臓疾患まで、さまざまな症状が現れる自己免疫疾患の一種。国内6万人。海外325万人。
・4位　クローン病――大腸と小腸の粘膜に慢性の炎症や潰瘍を引き起こす、原因不明の疾患。国内4万人。海外196万人。
・5位　後縦靭帯骨化症――脊柱管が狭くなることで、脊髄や脊髄から分枝する神経根を圧迫し、感覚障害や運動障害等の神経症状を引き起こす病気。国内3万人。海外178万人。

海外に住むこうした難病の患者が、先端医療を求めて日本へやってくるとしましょう。年間の訪日人数の予測を、地域別に出した試算があります（患者、家族、医療従事者が同じ人数だけ訪日すると仮定しています)。

- アジア　希少疾患患者数2000万人。期待される訪日人数30万人。
- 欧州　希少疾患患者数360万人。期待される訪日人数21・6万人。
- 北米　希少疾患患者数270万人。期待される訪日人数16・2万人。
- アフリカ　希少疾患患者数520万人。期待される訪日人数7・8万人。
- 南米　希少疾患患者数190万人。期待される訪日人数5・7万人。

先端医療国家戦略特区がもたらす莫大な経済効果

デフタ・パートナーズは、三井住友銀行の協力を得て、関西にすでにある医療イノベーション国家戦略特区で、難病22種類を選び、新薬の早期承認を与えた場合の経済効果を試算しました。右の年間訪日人数を合計すると、患者だけで27万人、家族と医療従事者を含めると81・3万人、その消費が2280億円。新規に設立されるベンチャーや国内外から移転してくる研究所による雇用が、1000社につき300名ずつとして年間30万人。経済効果は2・1兆円です。特区設置による医療費削減効果が9760億円。合計すると

「先端医療国家戦略特区」が日本にもたらす経済効果は、年間で3・3兆円にのぼります。北米と欧州の患者の2％が治療に訪れたと想定しただけで、この金額なのです。

ちなみに、大阪湾岸地域に開設が検討されているカジノの期待経済効果は、81億円から最大でも708億円だそうです（大阪商業大学商経学会「カジノ開設の経済効果」）。2025年の開催を目指している大阪万博の経済効果も、2・9兆円です（誘致検討会報告書）。ただしこちらも、建設費と運営コストが2000億円以上必要だとされている上、開催期間は半年に限定されます。

これらに対して、世界の人々の難病を治療できる「先端医療国家戦略特区」は、毎年3・3兆円の経済効果をもたらすのです。関西圏にもたらされる期待経済効果は、4950億円。日本経済の15％のGDPを占める関西圏の税収とGDPを、さらに0・6％押し上げる規模です。

この提言は、2014年11月に「医薬品医療機器等法」が施行されたことで、実現に向けて第一歩を踏み出しました。大阪府、大阪市、関西経済連合会、関西経済同友会、大阪商工会議所などが一致協力して、内閣府の国家戦略特区担当大臣に対して、この提言の実現を早急に申請されることを切に願っています。

これが成功例となれば、やがて、北海道、東北、関東、中部、中国、四国、そして九州にも、健康医療のための国家戦略特区を設置できるでしょう。こうなれば、世界中の人々が、「自国では治せない病気やケガも、日本に行けば治せるかもしれない」と、日本に希望を見出すことでしょう。

このように、公益資本主義にもとづく「モノづくり最適国家」の実現は、日本の繁栄だけでなく、世界への貢献にもつながっていくはずです。

7章

対談　GDP600兆円実現のために

原丈人・藤井聡

藤井　僕が原さんの名前とお顔と主張を全部一致して理解したのは、割と最近なんです。新幹線の中で『Ｗｅｄｇｅ』というビジネス雑誌の公益資本主義特集を読んだら、ＲＯＥ至上主義を批判していらっしゃった。一読「おっしゃるとおり。まさに正鵠を射たり」の思いでした。

僕は大学で教鞭を執っていて、かつ国土計画や都市計画という極めてパブリックセクターにいる人間ですが、そうした立場からいくら叫んでも届かない言葉を、経済のど真ん中にいる原丈人という方が叫んでおられる。日本の空気を変える上で、これほど心強い味方はいないと確信しました。

原　私はずっと同じことしか言ってません。これまでたくさんの会社を興してきましたが、上場が失敗だったと思うことが次第に増えました。たとえば、マイクロソフトに次ぐ大きさだったボーランド（現マイクロフォーカス）というＩＴ企業を１９８９年にロンドンで上場させ、次いでナスダックに上場させたのですが、90年代後半にはヘッジファンドが入って、会社は解体です。会社を買って経営するより、切り売りによる売却益のほうが株主にとって大きい、という理由からです。

事業を継続して新たな研究開発を行ない、新しいモノづくりをして従業員の雇用も増やすという社会全体に貢献する価値の大きさよりも、株主の利益が優先される。これはやっぱりおかしいと、強く感じるようになりました。そして2000年頃から公益資本主義という考え方を、信念として主張することにしたのです。

「日本型経営」はすべてダメ企業？

藤井　原さんのおっしゃる公益資本主義の思想は、かつて日本企業が当たり前に共有していたものに通じると思うんです。吐いたり吸ったりするように、社長が部下にわざわざ教えるまでもなく、この国の中でずっと培われてきた当たり前の空気。それはあえて言えば「日本型経営」というもので、かつては世界を席巻しポジティブな意味で使われた言葉です。ところがバブルが崩壊した90年以降、日本人は自信をすっかり喪失してしまって、日本型経営を蛇蝎のごとく嫌う風潮が世の中に広まりました。公益資本主義的なフィロソフィが、どんどんこの国から消えていったんです。

原　藤井さんの話は、いつも本当にわかりやすい。英米の株主資本主義に基づく尺度で測られると、日本の優良企業は全部ダメな企業に映ります。これは、右側通行の規則をいきなり左側通行に変えて、日本人は右側ばかり歩いてるから最も交通違反の多い国だ、と言うのと一緒です。

公益資本主義の3原則は、社中分配と、中長期的投資と、企業家精神による絶え間なき改良改善です。この3つは日本的経営に共通する要素なのですから、我々は誇りを失うべきではありません。

藤井 公益資本主義やベンチャーキャピタリズムの概念は、本来の資本主義や株式市場の考え方ですよね。そもそも株式というものは、アイディアはあるけどお金がなくて実現できない人にお金を集める仕組みとして発明されたと思うんです。「芽が出るには5年か10年、ひょっとしたら20年かかるかもしれない。でもみんなで、こいつのアイディアにお金を出してやろうやないか」と、マネーの再分配を人間の知性でもって行なおうとするのが、本来の株式資本主義の形だったはずです。ところが、そうした見識のない人間が株式市場を占領してくると、健全な資本主義やベンチャーキャピタリズムは駆逐されていって……。

原 要はマネーゲームになる。

ROEを推奨する「伊藤レポート」のおかしさ

藤井　マネーそのものが問題なのではなく、マネーに対する態度が問題なんですね。資本家がマネーの拡大のみを目指せば、現在のように格差が広がる一方で、雪だるまが転がるようにお金持ちがさらにお金持ちになっていくことになる。そんな状況なら、株式市場なんて必要ありません。

原さんが徹底的に批判されているROEは「リターン・オン・エクイティ」ですが、企業は株式だけでお金を集めるわけではありません。金融資産や銀行から借りたお金を合わせて経営するのだから、総資産利益率＝ROA「リターン・オン・アセット」で企業の業績を測ることだってあり得るはずですね。

原　ROAのほうが、財務の健全性まで含めて示せるので、正しいですよ。ROEというのは、大きければ、株主への還元が大きくなるので騒がれているだけで、将来の成長性、経営の持続性、財務の健全性などとはいっさい関係がありません。

藤井　僕がさらに適正だと思うのは、金融資産以外の社屋や工場まで含めた資産に対してどれだけの利益を生み出しているかを計る尺度です。「ネット資金調達額に対する利益率」でRoNFOといいますが、これだと日本企業は高い利益体質を示します。つまり、日本企業は、限られた資産を使って極めて効率的に生産をしている。〝もったいないスピリッツ〟の中で目に見える実物の中からモノを生み出していくというのが、我々日本人の文化だったわけで、いまだにその文化がしっかりと残り、日本のモノづくりを支えている。にもかかわらず、ROEだけを偏重するような姿勢を持ち続ければ、この国の伝統が根底から溶け出してしまいます。

原　ところが政府は、そのROEをあまりにも美化して、基準に用いようとしています。2014年8月に出た、いわゆる「伊藤レポート」の話です。一橋大学大学院商学研究科の伊藤邦雄教授を座長とする、経済産業省の「持続的成長への競争力とインセンティブ——企業と投資家の望ましい関係構築」プロジェクトの最終報告書。

藤井　これを見ると、「ROEを現場の経営指標に落とし込むことで高いモチベーションを引き出し、中長期的にROE向上を目指す『日本型ROE経営』が必要。『資本コスト』を上回る企業が価値創造企業であり、その水準は個々に異なるが、グローバルな投資家に認められるには、8%を上回るROEを最低ラインとし、より高い水準を目指すべき」と書いてある。

原　日本は大本営の命令に全体が従う気風を、明治時代から昭和初期を経て現在に至るまでもっている国なんですね。

藤井　経産省は、「いまみたいに効率の悪い日本企業は改革すべきだ」と宣言した上で、アメリカのようなROE至上主義を導入して、株主を優遇する政策を進めようとしているようにも見えてくる。そういう「意図」はないのかもしれませんが、多くの日本人経営者がそう理解してしまっているのが現実です。

原　株主資本主義を徹底的に追求すると、金融資本主義に至ります。日本が金融資本主義の中に巻き込まれれば、日本の金融市場で、巨大な資金を原資にゼロサムゲームを行う海外勢力に、日本の民間セクターが貯めた資金がすべて吸い取られてしまうことは目に見えています。その現実に、日本の政策当事者はなぜ気づかないのか。いま日本の株式市場における取引の7割は、外国投資家が占めていると、金融庁や経産省は言います。だからこそ欧米のガバナンスを日本の会社も入れなければいけないと言うのですが、それはアメリカやイギリスの金融資本主義者に「わが国の資産を持っていってください」というに等しい。カモがネギを背負って、自ら首を差し出すようなものですよ。

2003年の読売新聞に、「アメリカの優良な会社はすべて破綻する可能性すらある」「その理由は、コーポレート・ガバナンスの根幹をなす『会社は株主のもの』という間違った考え方にある」と、私は強い調子で書きました。あの頃、日本のことはまだ誇りに思っていたんですが、いまや2003年当時に批判したアメリカと同じような症状を呈しつつあり、これでは日本の将来が心配です。

藤井　アメリカはモノづくりからサービスへ、サービスから金融経済主体の国へ変わっていきました。彼らの企業が儲かるように、ルールも変えていきました。ところが日本経済は、やせても枯れてもまだモノづくりが中心です。株主にカネを配るために利益を上げようというフィロソフィは、もともとありません。

株主資本主義は帝国主義と同じ

原　社外取締役なんか絶対嫌だと言っていた会社でも、いまでは最低1名の社外取締役を入れています。おそらく「コンプライ・オア・エクスプレイン（Comply or Explain）」の原則、要するに「遵守せよ、さもなくば説明せよ」という原則が効いているのだと思います。

藤井　社外取締役は、その企業に株主資本主義のガバナンスを注入するための存在ではないか、としばしば指摘されているようですね。

原　そう。だから株主のためにならないことは、全部NO。従業員のためになるけど、株主にとってマイナスなことはＮＯ。社会のためになることも株主にとってマイナスならＮＯ。顧客のためになることも株主にマイナスならＮＯ。安全性を追求するのも株主利益に反していないかどうかで決めるのです。

藤井　「株主資本主義」においては企業は、単なる利益を生む道具にすぎません。帝国主義における植民地と同じです。植民地を支配して搾取していく構造を、会社で合法的にやっているのが株主資本主義です。株主資本主義的な社外取締役というのは、奴隷がちゃんと働くかどうか監督するために存在する――最悪のケースではそうなってしまうわけですね。

原　私自身、アメリカやイギリス、イスラエルの会社の社外役員や会長を経験してきて感じるのは、社外取締役を置くのはコンプライアンスやガバナンスをちゃんとやっていると見せかけるためです。訴訟社会ですから、訴えられたときの備えが必要なんです。裁判になったとき「経営陣は恣意的な経営判断などしていません。すべて客観的に決めていますよ」と証拠にするためで、それ以外の何物でもありません。

藤井　人間の多様性や多層性を尊重するのが、公益資本主義ですね。人間の多様さこそリベラリズムだと考えます。１人の人間の中に、喜びや悲しみを感じたり、生産をしたり消費をしたり、家族を大切にしたりといった多様性があるように、企業を儲けのために統治する奴隷とみなすのではなくて、多面的なオーガニゼーション、多面的なコミュニティとして捉えるんですね。公益資本主義は、豊饒性を大切にします。みんなの資本主義と置き換えてもいい。特定の株主だけでなくて、社中全体あるいは社会、あるいは将来の人々、あるいは他の地域の人々、みんなに対してその企業が生み出した価値というものを分配していく資本主義です。

原　株主資本主義は、大国が自分たちの文化や習慣、法律や教育や会計の制度を他国に押し付ける点において、グローバリズムと表裏一体です。ところが大国が経済力や軍事力を失ったためにグローバリズムは終焉し、最後の生き残りであるアメリカも衰退し始めているのが現実です。

公益資本主義への流れはすでに始まっている

藤井　言い換えればグローバリズムとは、欧米の特定の資本家たちが世界中から富を収奪するための仕組みですね。限界が見えてきた理由はいろいろありますが、いちばん根源的には、多様性をもつ人間や社会の存在を機械的で杓子定規な考え方に当てはめようとしすぎると、その潮流は瓦解してしまうからです。20世紀末に飽和状態になったグローバリズムは、21世紀には自ずとインターナショナリズムへ変わっていきます。グローバリズムとは、1つのフィロソフィなり考え方が世界を支配することです。インターナショナリズムというのは、多様な国家とリレーションシップを築き、協力し合いながら国際社会を運営していこうという考え方です。

グローバリズムが崩壊したときには、自ずとナショナリズム化が起こっていきます。それが表面化したのがブレグジット（英国EU離脱）やトランプ大統領の誕生です。そしてナショナリズム化の上で、人と人、国と国との間にリレーションシップが培われていけば、必然的にインターナショナライゼーションしていくことになります。そのようにしていろいろな国と仲良くやっていこうという考え方は、公益資本主義の基本的な思想そのものです。みんなの資本主義です。そうした精神がなければ、グローバリズムの後には、対立だけが残されることになります。それを防ぐためにも、公益資本主義の精神が求められているのですね。

日本は「モノづくりヘイブン」を目指せ

藤井　では具体的に、日本はどうしていくべきか。以前に原さんとお話ししていて「なるほど、そうだな」と思ったことがあるんです。株主資本主義に毒されたアメリカやEU諸国の中にも、モノづくりの会社はある。中長期的投資の元で事業を大きくしたいと思っている会社が、当然あるはず。だとすると彼らは、株主資本主義の中でどんどん商売がしにくくなって、不満を抱えているに違いない。そこで日本は、さながら「タックスヘイブン」のように「モノづくりヘイブン」になればいいのです。

真面目にモノづくりをやりたい企業を世界中から誘致して税制面などで優遇し、株主資本主義者を優遇しない経済システムを先進国の中で初めてつくり上げれば、欧米や中国に対して圧倒的なアドバンスを得ることができます。そしてまた、そのアドバンスが埋まるのは、世界が公益資本主義化したときのはずです。そこではもう儲けられなくなりますが(笑)、その時には、日本から世界を変えるという目的は達成されているわけですね。

原　「モノづくりヘイブン」という名前は思いつかなかったけど、私は2005年に政府税制調査会のメンバーだったとき、藤井さんが言われたのと同じことを提案しました。それから、スーパーコンピュータや人工知能による超高速取引に対する「国際投機取引税」の導入を提案したんです。これはわずか0・0何%の税率でも、何万回の取引ならかなりの金額になります。逆に、超高速取引の抑止になるだろうと思ったんですよ。ところが、この提案は欄外特記事項（笑）。

2013年に内閣府参与になって、経済財政諮問会議の「目指すべき市場経済システムに関する専門調査会」の会長代理を務めました。会長は三菱ケミカルホールディングスの小林喜光社長（現会長）でしたが、安倍総理や甘利大臣（当時）からは「原委員会」と呼ばれていました。その委員会でも同じことを提唱しました。まず投機資金を暴れさせないようにする必要があります。ところが「原さんの言うとおりにしたら投資が減るから、株価が下がりますよ」という声もあったとか（笑）。実際には、取引税を導入しても、株価に大きな影響を与えた例はありません。

藤井　超高速取引については、欧米ではすでに規制制度があります。しかし日本は、2016年にようやく議論を始めたところですね。

もう1つ重要なのは、キャピタルゲインの税制です。株を売り買いして儲かったときの税金ですが、日本はつい先日まで一律10%でした。株価対策として2003年から10%下げていたんですが、最近20%に戻したらどうなったかというと、株価には何の影響もありませんでした。税金を安くする意味などなかったんです。

ところがアメリカは、1年以内の株式売買に対するキャピタルゲイン課税は最大39・6％＋地方政府税です。年限によって格差を与えることで過剰な投機を抑制しようというスピリッツが、アメリカでさえ働いているんです。日本にはそれがないので、投機マネーヘイブンの状況になっています。これを少なくともアメリカ程度にする必要があります。インカムゲイン、つまり配当に対しても課税すべきです。

原　配当課税も、株の保有期間が長いほど税率を下げていくべきですね。それから株主の出しているお金ですが、創業期の株主は本当にありがたい。会社を立ち上げるときに出してくれるお金は、上場したあとに株を売り買いする人たちのお金とは重みが違います。上場後の株主は、ほとんどマネーゲーマーですからね。

しかもモノづくりや研究開発を伴う事業には、10年20年単位の長い時間がかかります。だから株の配当金は、1年目は10円でも、2年目になると20円、10年経つと100円というように、長く支えてくれた株主ほど大きく報いる出し方を、企業が自由裁量で行なえるようにすればいいんです。やはり2005年の税調で、私はそう主張しました。しかし、この提案は却下（笑）。

資本主義のあり方は、制度やルールによって大きく左右されます。株主資本主義、金融資本主義も、米英中心のグローバリズムと、とくに金融の規制緩和から生み出されたのです。逆に言えば、制度やルールを整えることによって、資本主義を健全な方向に導くこともできます。ですから、ルールの設計は極めて重要です。

すべての規制が経済のダイナミズムを阻害するわけではありません。それがなければ経済のダイナミズムが失われる規制も存在します。つまり、「規制緩和＝善」ではなく、規制を緩和しなければならないところもあれば、むしろ強化すべきところもあるのです。

政府の役割

原　その意味で、正しい制度設計をコーポレート・ガバナンス・コードの制定とともにやれば、日本は長期的な投資に対してウェルカムだという強いメッセージ効果が出てきます。それは政府の役割ですね。

民間企業は、新しい技術革新があって、将来の利益を生み出すと思えば、リスクがあっても投資するわけですが、最近の経営者はそういうリスクを取りませんね。80年代のベンチャーキャピタルは、本当に何もないところから起業家が持っているアイディアに賭けて資金を出し、プロトタイプの段階から実用化の段階へ。その間はつくっているので売り上げはゼロです。研究開発ばかりやるから、累積赤字がどんどん増える。やっとプロダクトが出て、売り上げが立つけど、まだ使うほうが多いから、ずっと赤字です。それがある段階から、利益が経費を大幅に上回るようになってきて、急成長していくのです。ゼロの段階からそこへ至るのが、ベンチャーキャピタルの醍醐味です。大変だけどね（笑）。

ところで、藤井さんは、政府や与党の人たちに具体的な提案を行なっていますね。

藤井　政府が提唱しているGDP600兆円実現というのは、我々の年収は2015年で平均414万円ですから、平均すれば1・2倍。1人80万円のアップになる計算です。それを2020年頃に実現しようと提案しているわけですね。僕は近著に『国民所得を80万円増やす経済政策』（晶文社）というタイトルをつけた通り、そのための具体的な方法を提唱しています。そして次の5項目を安倍総理や菅義偉官房長官に提案しました。

①2017年の消費税増税は延期。これは2016年6月に、安倍総理の判断で実現しました。

②財政政策を基本とした「所得ターゲット政策」を改めて宣言。GDP600兆円という目標は、日銀による物価ターゲット政策ではありません。政府が主体であり、そのため

に必要な財政政策も行なうことを、改めて国民に明らかにすることです。

③デフレ完全脱却こそ、最大の「財政健全化策」と宣言。デフレになってGDPが縮小し、税収が減ったことが財政危機の原因なのですから、デフレ脱却さえ叶えば、財政は自ずと健全化します。

④3年以内の「デフレ完全脱却」を目指し、「規律ある財政拡大」を図る。脱出速度を確保するために、3年限定で財政拡大を行ないます。最初の規模は15兆から20兆円とします。

⑤デフレ脱却後は、「中立的な財政運営」を図る。緊縮でも拡張でもなく、前年からの税収増分を全額支出するという原則を維持していけば、日本経済は確実に成長します。

僕の考える最終的なゴールは、日本のGDPを上げることではありません。国民の給与所得がきちんと上がっていくことです。イメージは、池田勇人総理が主導した所得倍増計画の21世紀初頭バージョンです。池田総理のときは、資本家が儲かるのではなくて、国民給与所得が上がることを目標にしていたからです。

日本経済をバイクのエンジンにたとえると、駆動するにはスターターを踏み込む必要があります。3年間の財政拡大というスターターの踏み込みを行えば、エンジンはグルグル回り始める、というイメージです。政府は公益のために債務を拡大して、民間が投資できるようになるまで経済を支える必要がある。これが僕のいちばん言いたかったこと。

原　公益資本主義という理念の下では、財政政策と成長戦略は車の両輪ですからね。

藤井　財政政策と成長戦略の大きな違いは何かというと、成長戦略の最終的な主人公は企業なので、仕組みを変えてもすぐその通りに動くかどうかという問題です。企業の主体的な決定には、どうしてもタイムラグが出てきてしまう。ところが国の財政政策は、いますぐできるんです。政府は2016年8月に、28兆円規模の経済対策を取りまとめました。そのうちの直接の政府支出部分は12カ月以内に確実にできるし、資金を人任せでなく最も効果的に投入していくことが可能です。だから緊急事態において、財政政策という手段を使わずに景気対策を行なうのは、著しく不合理なんです。

原　財政の景気刺激策に関して、公益資本主義的な考えでやればうまくいく。そうでなかったら違う展開になって失敗します。

安倍さんが総理になった途端、「瑞穂の国の資本主義」という考え方の中身づくりを依頼されました。そこで私たちが2013年に経済財政諮問会議の専門調査会でつくった「目指すべき市場経済システム」の報告書でも、中長期的資金の必要性を強調しました。

そして、企業の持っている人やお金という資源を短期・中期・長期に配分し、経営の持続性を図るという考え方を書きました。短期というのは5年以内。中期は5年～10年、長期は10年以上を指します。

ところで、シャープが台湾の鴻海《ホンハイ》精密工業に買われるまでの経緯を外国から見ていたりすると、日本の大企業の経営者はリスクを取らなすぎると思います。内部留保がじゅうぶんあるにもかかわらず、貯めこむばかりではデフレの原因だし、それに私は、企業経営者たるものは母屋が倒れない限りにおいて、余った資金は全部リスクを張って将来へのチャレンジに注ぎ込むべきだと思うんです。私の会社はそうやってきました。

藤井　企業が儲けたお金を賃金や投資に回すことによって、GDPが上がると同時に、賃金を上げた効果で消費が拡大する。そうやって投資と消費が上がる。そうするとまた、会社の収入が上がる。会社の収入が上がれば、投資と賃金と消費が上がっていく。このアベノミクスの好循環を早く回していかなければなりません。そうなれば、ROAも、RoNFOも、そしてひいてはROEも、皆上昇していく。つまり、ROEは、「目標」というより、「結果」と見るべきなのです。

僕は経済財政諮問会議にいつも陪席していますが、いまはこの議論が中心です。原さんの提議はいま着実に、諮問会議のど真ん中で議論されています。

GDP600兆円と格差是正を同時に実現

原　マネー経済は脇役に回し、実体経済が主役になる資本主義を、これから打ち立てていかねばなりません。ところが英米は、「株主資本主義」「金融資本主義」に毒されて、金融や資本主義の本来のあり方を見失っています。こういう状況のなかで日本こそ、新しい金融、新しい資本主義のモデルをつくり、世界に示すべきなのです。

アメリカ型の株主資本主義では、儲かるのは、株主とその手下である経営トップのみ。貧困層が増え、社会が二極分化し、格差社会が生まれます。

株主が要求を高めたら、従業員にもそれだけ多く還元する仕組みをつくらなければいけません。自社株買いに資金を使う時には、その一定割合を従業員へのボーナスに回す、というのも、一案です。通常、会社が従業員に払う給料やボーナスは税引き前です。これを税引き後に変更すれば、所得税を取られなくて済みます。手取りの額が増えれば、お金を使おうという気持ちも湧いてくるでしょう。

消費が増えると、GDPが上がります。GDPは、単純計算すれば、すべての国民の所得の総和です。つまり、給料が2割上がれば、500兆円のGDPは600兆円になります。日本政府は、「GDP600兆円実現」を目標に掲げていますが、不可能ではないのです。従業員への分配を2割上げるのが、最も近道です。多くの政治家に、日本経済の復活と格差是正を同時に実現する方法（=公益資本主義）があることに早く気づいてほしいのです。

＊**藤井聡**（ふじい・さとし）
1968年生まれ。京都大学大学院工学研究科教授（国土計画等の公共政策に関する実践的人文社会科学全般）。内閣官房参与。

あとがき

経済は文化をつくり、技術は政治をつくる。しかし人間の本質は変わらず。

今後、世界の人口は、途上国を中心にさらに30億人程度増加すると予想されているが、地球上のすべての人々が、平和で豊かに暮らせる世界を望んでいるはずである。

こうした世界を実現するには、経済の新しい仕組みが必要となる。資本主義自体も、いずれ新しい仕組みにとって代わられるだろう。

しかし当面の間は、資本主義が続くことも間違いない。ならば理想論にとどまらず、まず現実的に世の中を変えることが重要だ。その原動力となり得るのが、本書で論じてきた「公益資本主義」だ。そう私は確信している。

「公益資本主義」の理念を実際の経営で実現するには、次の3つがポイントとなる。

第1に、企業が持続的に発展し、社会に貢献するために、事業を中長期的に捉える経営をしなければならない。

第2に、企業が持続的に発展するには、果敢にリスクを取って、新しい事業に挑戦しなければならない。

同じ事業を繰り返すだけでは、企業は存続できない。企業には、「創業者魂」とか「企業家精神」などと称されるチャレンジング・スピリットが常に求められるのである。会社規模が大きくなり、その歴史が長くなっても、その点は決して変わらない。

第3に、利益は、会社の成功に貢献した「社中」のすべてに公正に分配しなければならない。

自由闊達に新しい事業を創造し、大いに利益を上げて社員を豊かにし、社会に貢献することが、会社の重要な使命だ。そして会社の発展には、未来への投資のために内部留保を適正に蓄えることも肝要となる。内部留保を嫌う株主もいるが、内部留保からなされる未来への投資こそ、次なる事業の基盤となり、やがて利益を生みだし、結果的に株主も潤うのである。

「会社は株主のものだ」と思い込んで、株主が自己利益を最大化しようとして会社を動かす米国式の時代は終わりつつある。まもなく大きなパラダイムシフトが起き、「会社は社会の公器である」という考え方が、「今世紀の常識」となるはずだ。

世界中の「国家」と「企業」を区別せずに、経済規模を比較すると、いまや上位の半数近くが民間企業だ。国連加盟国は196カ国あるが、50カ国強しか上位100にランクインしていない。この傾向は加速する一方で、国家より経済力のある民間企業の数は、今後ますます増えるだろう。こうした状況で、株主だけを優遇すれば、貧富の格差はさらに拡大する。

「会社は株主のものだ」と信じる投資家は、同額の利益なら、できるだけ短期間で実現するよう求める。こうして事業サイクルは、ますます短期志向となり、長い期間を要する研究開発事業よりも、米国の金融ファンドのような投機的事業がもてはやされることになる。そして短期成果を狙う事業再生ファンドのようなアクティビストが、実体経済を支える企業が時間をかけて蓄積してきた富を収奪する。これほど「効率の良い」ビジネスモデルはない。しかも「合法的」だ。しかし、こうしたビジネスモデルには、多くの人が理不尽さを感じているはずである。

かつての奴隷商人も同じであった。

英国の奴隷商人は、「合法的」に「素晴らしいビジネスモデル」を生みだし、莫大な利益を得た。英国からガラス玉や武器をアフリカへ持ち込み、アフリカから黒人をアメリカへ輸出し、アメリカから穀物や綿を英国に持ち込むという「三角貿易」は、当時の「最先端の高収益ビジネスモデル」であった。

現在は人身売買は、「非合法」で、いくら利益率が高くとも、「みずから誇れるビジネス」として成立しないが、往時はそうではなかった。彼らがどれほどみずからのビジネスを誇らしく思っていたかは、奴隷貿易商の本拠地であったリバプールに行けば一目瞭然だ。鎖をつけられた黒人奴隷のレリーフが、いまだ往時を象徴する建物のファサードに飾られているのである。

極端なアクティビストや莫大な規模で投機的金融を操る者たちは、今は「合法的」でも、いずれ奴隷商人と同じ運命を辿ることになろう。歴史に汚点を残さないためにも、根本的な事業理念を見直すべきだ。

証券金融市場で投機的取引が大半を占めるようになれば、市場は過熱化し、バブルが生まれ、金融がゼロサムゲーム化し、富の二極分化が進む。バブルは必ず破裂するが、その時、中間層は貧困層に落ち、富裕層はますます富み、スーパー・スーパー富裕層が生まれるのだ。

莫大な規模で投機を仕掛ける米英ヘッジファンドと彼らに資金を提供する超富裕層は、途上国通貨を空売りし、暴落させ、その国民を貧困のどん底に落とすことによって巨万の富を得る。そして、その莫大な利益のごく一部のみを国際機関や大学やNPOに寄付することで、栄誉ある賞や資格を得る。

これは、超富裕層による完全なマッチポンプの茶番劇だ。世界中の一般国民は、こうした状況に辟易し、「人類の平等を目的とする民主主義はもはや機能しない」と諦めかけている。

1990年代初頭から始まった金融規制の自由化の下で、一国の経済規模をも上回るような莫大な資金を動かす投機家が、ICTテクノロジー（情報通信技術）の力を利用しながら、瞬時に国境を越えて跋扈するようになった。その結果、先進国で中間層が激減したのである。

民主主義が機能するには、中間層が不可欠だ。その中間層が没落することによって、今日、民主主義は、機能不全を起こしているのである。

「民主主義国家」の代名詞とも言える英米でさえ、かつての中間層が貧困化している。そこで有権者は、「将来のこと」よりも「今日明日のこと」、「建設的な前向きの意見」よりも「現状の不満」を基準に投票するようになってしまった。英国EU離脱の国民投票も、米国大統領選挙も、こうした市民の不満や怒りの表われだ。

おそらく、皆さんが本書を手に取ってくださる頃には、我が国政府が、「四半期決算短信における業績予想の様式」を削除する方針を決定し、発表しているであろう。

2005年に財務省参与に、その後、内閣府参与に就任して以来、「企業経営における短期主義の是正」を一貫して主張してきたが、その実現に向けて、ようやく第一歩を踏み出せそうだ。

約3500社ある日本の上場会社のすべてが、四半期ごとに要求される業績予想義務から解放されることには、極めて大きなメリットが期待できる。四半期決算のための費用と時間を節約できるだけでなく、経営者や中間管理職の経営観を短期主義の呪縛から解き放つからだ。

四半期決算廃止によるコストの節約分で給与を増やせば、個人消費に回り、GDPを押し上げるはずだ。また労働時間や残業時間の短縮は、「働き方改革」につながるだろう。

四半期の業績予想を出すことは、実体経済にとって無意味なことだ。四半期ごとに利益確保が求められ、最終的に企業に利益をもたらすはずの中長期投資の重要性が無視されるからだ。さらには1年単位の経営計画にも悪影響を及ぼしうる。というのも、流通、建設、鉄道、その他のサービス業においては、季節変動がある業態がほとんどであるからだ。こうした業種では、四半期ごとに売上や利益の上昇を期待されても、会計上の操作でもしないかぎり、目標は達成できない。

「情報開示」の観点から見ても、四半期決算開示は望ましくない。「合法的な範囲」であっても、もっぱら四半期決算のために、財務調整、損益調整、トップライン調整などの「会計上の調整」が行われるのであれば、いずれは「不正会計」の温床となる。不正会計事件を起こした東芝も、パソコン部門の営業利益の推移を見ると、決算が行なわれる四半期の末月に利益が嵩上げされていた。要するに、四半期決算という制度が不正会計を促す要因となっていたのだ。

本来は、四半期決算開示の廃止に留まらず、早稲田大学の上村達男教授が提唱されているような「公開会社法」の制定が必要である。

「公開会社法」は、諸外国では当たり前の法制度だが、現行の日本の企業関連の法体系では、会社法と金融商品取引法が並立し、混乱が生じている。

そこで金融商品取引法適用会社については、会社法と重複する部分は金融商品取引法を優先適用し、これを「会社法」として認識する「公開会社法」の実現が最善の解決策となろう。

「公開会社法」の制定は、第一次安倍内閣の経済財政諮問会議の「金融資本市場ワーキンググループ報告書」7頁に示されているように、すでに2007年から重要な課題と位置付けられている。

2000年の11月21日に公表された、経団連のコーポレート・ガバナンス委員会（御手洗富士夫委員長）の「わが国公開会社におけるコーポレート・ガバナンスに関する論点整理（中間報告）」でも、「公開会社法」（仮称）の立法化が検討されている（同12頁）。

このように「公開会社法」の制定は、十数年以上も前から検討されてきたのだが、具体的な立法化に向けて早急に作業を開始すべきだろう。この分野で日本は大きく立ち遅れている。せめて諸外国と同水準の法的整備を行うべきである。

だが、その実現は、当面、まだ先のことになる。そこでまずは、「四半期決算開示義務の廃止」が重要な第一歩となる。具体的には、以下の3つのステップが考えられる。

①四半期決算短信における「業績予想」の項目を削除する制度改革を行う。

②現在は併存している金融商品取引法に基づく法定開示制度（有価証券届出書、有価証券報告書、四半期報告書など）と金融商品取引所における適時開示制度の決算報告を統一化するとともに、四半期開示において本決算のような大がかりな決算報告は不要とする制度改革を行う（株式公開会社に年8回義務付けられていた開示を年4回にする）。

③中長期ビジョン、企業理念、非財務情報を開示する体制を整える。

こうした3つの段階を経て、「四半期ごとの業績予想」の代わりに「10年後、20年後の将来の事業ビジョン」といった「非財務情報開示」を拡充できたところで、四半期決算開示義務を全面的に廃止できれば、我が国が世界の潮流をリードすることになるだろう。

企業価値を測るのにＲＯＣ（5章参照）を用いた投資信託も、２０１７年中に運用が開始されると期待できる。

「はじめに」でも触れたように、２０１６年12月の国会答弁で、安倍総理も、「我が国にふさわしい資本主義の在り方」として「公益資本主義」に言及している。

また、2017年1月17日、スイスのダボス会議開幕初日の「資本主義を再考する(Rethinking Capitalism)」というセッションでは、「世界上位8位の富裕者が世界人口の半分を占める36億人と同じだけの富を保有する、という現在の資本主義のあり方は再考しなければならない」という問題提起に対し、我が国を代表して山本幸三内閣府特命担当大臣が、「解決の糸口は公益資本主義」と語りかけたところ、欧米のリーダーたちが、日本から提唱された画期的な意見だ、とどよめいたとの報告もある。

その他、「世界イスラム経済人会議」でも、「太平洋島嶼国首脳・経済人会議」でも、「アフリカ首脳・経済人会議」でも、「公益資本主義」が語られるようになってきた。

昨今の東芝の惨状を見れば、単に英米流の「コーポレート・ガバナンス」を形式的に導入しても、「健全な企業経営」に結びつかないのは明らかである。いまだに後発発展途上国で、日本よりはるかに経済発展が遅れているバングラデシュでさえ、一人の個人は最大3社までしか社外取締役には就けない。そして2期務めると交替しなければならない。コーポレート・ガバナンス・コードに魂を入れたいのならば、日本も、せめてバングラデシュ並みの規範が必要になる。

東芝は、「指名委員会等設置会社」にいち早く移行し、「企業統治の優等生」と称された。

ところが、株主利益最大化が前提になると株価や（株主への）総還元率が優先事項になる。これが強迫観念にまでなると利益の嵩上げをする不正までをも経営陣に許してしまう。「会社は株主のものである」という観点から運用されれば、現状の英米流のコーポレート・ガバナンス・コードでは、こうした不正を事前に食い止めることができないからである。「会社は株主のもの」ではなく「会社は社会の公器である」という観点に立った本物のコーポレート・ガバナンスコードを日本がみずから開拓していく必要があるのだ。

我々自身の手で、「公益資本主義」という新しい経済のルールを世界に発信していこうではないか。

そして「公益資本主義」の実現が軌道に乗った暁には、ぜひ「公益民主主義」と名付けた「新たな民主主義の形」について語りたいと思う。

バングラデシュ、ダッカにて

原丈人

原　丈人（はら　じょうじ）

1952年大阪生まれ。アライアンス・フォーラム財団代表理事。デフタ・パートナーズグループ会長、内閣府本府参与。慶應義塾大学法学部卒業後、考古学研究を志し、中央アメリカへ渡る。スタンフォード大学経営学大学院、国連フェローを経て同大学工学部大学院を修了。主に情報通信技術分野で新技術を創出する企業の育成と経営に注力し、シリコンバレーを代表するベンチャーキャピタリストとなる。ポスト・コンピュータ時代の新産業を先導するだけでなく、新技術を用いた新興国の支援など幅広い分野で積極的な提言と活動を行っている。国連政府間機関特命全権大使、アメリカ共和党ビジネス・アドバイザリー・カウンシル名誉共同議長、政府税制調査会特別委員、財務省参与を歴任。著書に『21世紀の国富論』（平凡社）『新しい資本主義』（PHP新書）など。

文春新書

1104

「公益《こうえき》」資本主義《しほんしゅぎ》
英米型資本主義《えいべいがたしほんしゅぎ》の終焉《しゅうえん》

2017年3月20日　第1刷発行
2025年4月5日　第6刷発行

著　者　原　丈人
発行者　大松芳男
発行所　株式会社　文藝春秋

〒102-8008　東京都千代田区紀尾井町3-23
電話（03）3265-1211（代表）

印刷所　理想社
付物印刷　大日本印刷
製本所　大口製本

定価はカバーに表示してあります。
万一、落丁・乱丁の場合は小社製作部宛お送り下さい。
送料小社負担でお取替え致します。

ISBN978-4-16-661104-1

◆日本の歴史

- 渋沢家三代　佐野眞一
- 古墳とヤマト政権　白石太一郎
- 謎の大王 継体天皇　水谷千秋
- 謎の豪族 蘇我氏　水谷千秋
- 謎の渡来人 秦氏　水谷千秋
- 継体天皇と朝鮮半島の謎　水谷千秋
- 女たちの壬申の乱　水谷千秋
- 教養の人類史　水谷千秋
- 昭和史の論点　坂本多加雄・秦 郁彦・半藤一利・保阪正康
- あの戦争になぜ負けたのか　半藤一利・保阪正康・中西輝政・戸高一成・福田和也・加藤陽子
- 日本のいちばん長い夏　半藤一利編
- 昭和陸海軍の失敗　半藤一利・秦 郁彦・平間洋一・保阪正康・黒野 耐・戸高一成・戸部良一・福田和也
- 昭和の名将と愚将　半藤一利・保阪正康
- 日本型リーダーはなぜ失敗するのか　半藤一利
- 「昭和天皇実録」の謎を解く　半藤一利・保阪正康・御厨 貴・磯田道史
- 大人のための昭和史入門　半藤一利・船橋洋一・出口治明・水野和夫・佐藤 優・保阪正康他
- 21世紀の戦争論　半藤一利・佐藤 優
- なぜ必敗の戦争を始めたのか　半藤一利
- 歴史探偵 忘れ残りの記　半藤一利
- 歴史探偵 昭和の教え　半藤一利
- 歴史探偵 開戦から終戦まで　半藤一利
- 昭和史の人間学　半藤一利
- 令和を生きるための昭和史入門　保阪正康
- 近代日本の地下水脈Ⅰ　保阪正康
- 十七歳の硫黄島　秋草鶴次
- 山県有朋　伊藤之雄
- 指揮官の決断　早坂 隆
- 永田鉄山 昭和陸軍「運命の男」　早坂 隆
- ペリリュー玉砕　早坂 隆
- 日本人の誇り　藤原正彦
- 天皇陵の謎　矢澤高太郎
- 児玉誉士夫 巨魁の昭和史　有馬哲夫
- 遊動論 柳田国男と山人　柄谷行人
- 火山で読み解く古事記の謎　蒲池明弘
- 邪馬台国は「朱の王国」だった　蒲池明弘
- 「馬」が動かした日本史　蒲池明弘
- 文部省の研究　辻田真佐憲
- 古関裕而の昭和史　辻田真佐憲
- 大日本史　山内昌之・佐藤 優
- 日本史のツボ　本郷和人
- 承久の乱　本郷和人
- 権力の日本史　本郷和人
- 北条氏の時代　本郷和人
- 日本史を疑え　本郷和人
- 黒幕の日本史　本郷和人
- 明治天皇はシャンパンがお好き　浅見雅男
- 江戸のいちばん長い日　安藤優一郎
- 江戸の不動産　安藤優一郎
- 姫君たちの明治維新　岩尾光代
- 日本史の新常識　文藝春秋編
- 秋篠宮家と小室家　文藝春秋編
- 美しい日本人　文藝春秋編

日本プラモデル六〇年史　小林　昇
仏教抹殺　鵜飼秀徳
お寺の日本地図　鵜飼秀徳
仏教の大東亜戦争　鵜飼秀徳
昭和天皇 最後の侍従日記　小林　忍＋共同通信取材班
内閣調査室秘録　志垣民郎 岸　俊光編
木戸幸一　川田　稔
武藤章　川田　稔
「京都」の誕生　桃崎有一郎
平治の乱の謎を解く　桃崎有一郎
皇国史観　片山杜秀
11人の考える日本人　片山杜秀
昭和史がわかる ブックガイド　文春新書編
遊王　徳川家斉　岡崎守恭
大名左遷　岡崎守恭
東條英機　一ノ瀬俊也
信長　空白の百三十日　木下昌輝
感染症の日本史　磯田道史

徳川家康　弱者の戦略　磯田道史
磯田道史と日本史を語ろう　磯田道史
平安朝の事件簿　繁田信一
小林秀雄の政治学　中野剛志
婆娑羅大名　佐々木道誉　寺田英視
経理から見た日本陸軍　本間正人
戦前昭和の猟奇事件　小池　新
インパールの戦い　笠井亮平
東京の謎《ミステリー》　門井慶喜
歴史・時代小説教室　安部龍太郎 門井慶喜 畠中　恵
お茶と権力　田中仙堂
明治日本はアメリカから 何を学んだのか　小川原正道
歴史人口学で見た日本〈増補版〉　速水　融
小さな家の思想　長尾重武
日中百年戦争　城山英巳
極秘資料は語る　皇室財産　奥野修司
装飾古墳の謎　河野一隆
家政婦の歴史　濱口桂一郎

大人の学参 まるわかり日本史　相澤　理
増補版　藤原道長の権力と欲望　倉本一宏
紫式部と男たち　木村朗子

◆文学・ことば

翻訳夜話　村上春樹　柴田元幸
翻訳夜話2 サリンジャー戦記　村上春樹　柴田元幸
漢字と日本人　高島俊男
語源でわかった! 英単語記憶術　山並陞一
外交官の「うな重方式」英語勉強法　多賀敏行
名文どろぼう　竹内政明
「編集手帳」の文章術　竹内政明
弔辞 劇的な人生を送る言葉　文藝春秋編
ビブリオバトル　谷口忠大
新・百人一首　岡井隆・馬場あき子　永田和宏・穂村弘選
劇団四季メソッド「美しい日本語の話し方」　浅利慶太
芥川賞の謎を解く　鵜飼哲夫
ビジネスエリートの新論語　司馬遼太郎
世界はジョークで出来ている　早坂　隆
一切なりゆき　樹木希林
天才の思考　鈴木敏夫
いま、幸せかい?　滝口悠生選
英語で味わう万葉集　ピーター・J・マクミラン
歎異抄 救いのことば　釈　徹宗
最後の人声天語　坪内祐三
三国志入門　宮城谷昌光
教養脳　福田和也
明日あるまじく候　細川護熙
伊賀の人・松尾芭蕉　北村純一
ちょっと方向を変えてみる　辻　仁成
歴史・時代小説教室　安部龍太郎　門井慶喜　畠中　恵
柄谷行人『力と交換様式』を読む　柄谷行人ほか
初めて語られた科学と生命と言語の秘密　松岡正剛　津田一郎
紫式部と男たち　木村朗子
ロシア文学の教室　奈倉有里

◆ネットと情報

「社会調査」のウソ　谷岡一郎
インターネット・ゲーム依存症　岡田尊司
闇《ダーク》ウェブ　セキュリティ集団スプラウト
フェイクウェブ　高野聖玄　セキュリティ集団スプラウト
スマホ廃人　石川結貴
スマホ危機 親子の克服術　石川結貴
超空気支配社会　辻田真佐憲
ソーシャルジャスティス　内田　舞

◆経済と企業

リープフロッグ　野口悠紀雄
臆病者のための株入門　橘 玲
臆病者のための億万長者入門　橘 玲
テクノ・リバタリアン　橘 玲
熱湯経営　樋口武男
先の先を読め　樋口武男
ビジネスパーソンのための契約の教科書　福井健策
ブラック企業　今野晴貴
ブラック企業2　今野晴貴
売る力　鈴木敏文
日本型モノづくりの敗北　湯之上隆
半導体有事　湯之上隆
詐欺の帝王　溝口 敦
さらば！ サラリーマン　溝口 敦
トヨタ生産方式の逆襲　鈴村尚久
グローバリズムが世界を滅ぼす　エマニュエル・トッド ハジュン・チャン 柴山桂太・中野剛志・藤井聡・堀茂樹

税金を払わない巨大企業　富岡幸雄
消費税が国を滅ぼす　富岡幸雄
安売り王一代　安田隆夫
運　安田隆夫
働く女子の運命　濱口桂一郎
人工知能と経済の未来　井上智洋
メタバースと経済の未来　井上智洋
「公益」資本主義　原 丈人
お祈りメール来た、日本死ね　海老原嗣生
自動車会社が消える日　井上久男
日産 vs.ゴーン　井上久男
新貿易立国論　大泉啓一郎
世界史を変えた詐欺師たち　東谷 暁
日銀バブルが日本を蝕む　藤田知也
AIが変えるお金の未来　坂井隆之・宮川裕章＋毎日新聞フィンテック取材班
なぜ日本の会社は生産性が低いのか？　熊野英生
会社員が消える　大内伸哉
キャッシュレス国家　西村友作

農業新時代　川内イオ
農業フロンティア　川内イオ
総会屋とバブル　尾島正洋
最強の相続　荻原博子
吉本興業の約束　大﨑 洋 坪田信貴
日本企業の復活力　伊丹敬之
グリーン・ジャイアント　森川 潤
国税OBだけが知っている失敗しない相続　坂田拓也
AI新世 人工知能と人類の行方　小林亮太 篠本 滋 甘利俊一 監修
スパコン富岳の挑戦　松岡 聡
男性中心企業の終焉　浜田敬子
ルポ 食が壊れる　堤 未果
負動産地獄　牧野知弘
地銀と中小企業の運命　橋本卓典
逆境経営　樽谷哲也
ヤメ銀　秋場大輔

品切の節はご容赦下さい

(2024.06) B

◆政治の世界

(2024. 06) C

品切の節はご容赦下さい

◆考えるヒント

ちょっと方向を変えてみる　辻　仁成
フェミニズムってなんですか？　清水晶子
小さな家の思想　長尾重武
日本人の真価　藤原正彦
日本の伸びしろ　出口治明
ソーシャルジャスティス　内田　舞
70歳からの人生相談　毒蝮三太夫
柄谷行人『力と交換様式』を読む　柄谷行人ほか
初めて語られた科学と生命と言語の秘密　松岡正剛　津田一郎
福田恆存の言葉　福田恆存
疑う力　真山　仁
定年後に読む不滅の名著２００選　文藝春秋編
運　安田隆夫

◆サイエンスとテクノロジー

世界がわかる理系の名著　鎌田浩毅
「大発見」の思考法　山中伸弥　益川敏英
ねこの秘密　山根明弘
ティラノサウルスはすごい　土屋　健　小林快次監修
アンドロイドは人間になれるか　石黒　浩
マインド・コントロール　岡田尊司
サイコパス　中野信子
首都水没　土屋信行
水害列島　土屋信行
植物はなぜ薬を作るのか　斉藤和季
超能力微生物　小泉武夫
フレディ・マーキュリーの恋　竹内久美子
猫脳がわかる！　今泉忠明
ウイルスVS人類　瀬名秀明・押谷　仁・五箇公一・岡部信彦・河岡義裕・大曲貴夫・NHK取材班
がん治療革命　ウイルスでがんを治す　藤堂具紀
ゲノムに聞け　中村祐輔
妊娠の新しい教科書　堤　治
AI新世　人工知能と人類の行方　小林亮太　篠本　滋　甘利俊一監修
お天気ハンター、異常気象を追う　森さやか
スパコン富岳の挑戦　松岡　聡
分子をはかる　藤井敏博
メタバースと経済の未来　井上智洋
半導体有事　湯之上隆
チャットGPT vs.人類　平　和博
日本百名虫　フォトジェニックな虫たち　坂爪真吾
日本百名虫　ドラマティックな虫たち　坂爪真吾
テクノ・リバタリアン　橘　玲
脳は眠りで大進化する　上田泰己

文春新書好評既刊

公共事業が日本を救う
藤井 聡

ダムは本当に不要なのか。道路は充分に足りているのか。公共事業費は他国より割高なのか……。巷間伝わる誤認を専門家が徹底検証

779

列島強靭化論
藤井 聡

日本復活5カ年計画

被災した街の再建から財源の確保、内需拡大、さらには国土と経済の「強靭化」策まで。未曾有の国家的危機をどう乗り越えるべきか

809

日本破滅論
藤井聡・中野剛志

グローバリズム、マスメディア、反・公共事業、アカデミズム、地方分権……。日本の没落をもたらした様々な「罠」を撫で斬りにする

871

グローバリズムが世界を滅ぼす
エマニュエル・トッド ハジュン・チャン 柴山桂太 中野剛志 藤井聡 堀茂樹

世界デフレ不況下での自由貿易と規制緩和は、解決策となるどころか、経済危機をさらに悪化させるだけであることを明らかにする！

974

新自由主義の自滅
菊池英博

日本・アメリカ・韓国

米・韓の失敗に日本はなぜ学ばないのか。アベノミクスは形を変えた小泉改革にすぎない！ 世界経済を蝕む新自由主義を徹底批判

1041

文藝春秋刊